Brenda

PROFIL DOS

Collection dirigée par Ge_____
Série Dossier sous la dir_____ ____ _____ Brémond

ÉCONOMIE — SOCIOLO_____ _____ _____

La
décentralisation

par Emmanuel HERICHON

Professeur de Sciences Économiques et Sociales

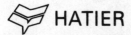
HATIER

Sommaire

ISSN 0222-8289   ISBN 2-218-06397-7

Présentation

En associant, pour la première fois, l'Intérieur et la Décentralisation dans le même portefeuille ministériel et en prenant l'initiative du projet de loi relative aux «droits et libertés des communes, des départements et des régions» quelques jours seulement après son installation, le Gouvernement issu des élections présidentielles et législatives de mai et juin 1981, marquait ainsi sa volonté de faire de la décentralisation l'un des aspects fondamentaux de sa politique de changement. Depuis lors, la décentralisation n'a cessé d'occuper la scène de l'actualité.

Pourtant, le débat sur la structure et la répartition du pouvoir en France n'est pas nouveau. Le système administratif français faisait, depuis longtemps, l'objet de critiques d'autant plus vives qu'il apparaissait comme un anachronisme par rapport aux autres nations occidentales où la décentralisation semble généralement s'être imposée plus profondément et plus précocement.

Comment comprendre alors une telle résistance du système centralisé ? Apparemment les choses sont claires : il suffirait d'admettre l'existence spécifique d'une tradition centraliste dans la droite française et de lui opposer la volonté décentralisatrice de la gauche. Mais ce serait là au mieux du schématisme, au pire de l'ignorance sur le cheminement historique des rapports de pouvoir entre le «centre» et la «périphérie».

On sait, en effet, que parmi les nombreux projets de réforme administrative qui ont fleuri au cours des trente dernières années, les plus décentralisateurs n'émanent pas toujours des courants politiques de gauche. On sait aussi qu'on qualifie fréquemment - mais peut-être à tort - de jacobiniste, toute idée favorable au renforcement du pouvoir central. Or, les Jacobins n'ont-ils pas été ces fervents

5

combattants de la liberté républicaine contre l'absolutisme d'Ancien Régime ? Il est un fait pourtant que, même si le centralisme a atteint son paroxysme au cours des intermèdes napoléoniens, la Révolution française a marqué de son empreinte la structure administrative de la France. Si l'on ajoute qu'au cours de cette histoire bi-séculaire, la décentralisation sous sa forme la plus poussée (allant jusqu'au fédéralisme) a été le plus souvent le cheval de bataille de la droite la plus conservatrice, on est de plus en plus perplexe : comment la décentralisation est-elle devenue un thème «de gauche» après avoir été un thème «de droite» ?

Approfondissons encore la recherche historique et l'on découvrira que la centralisation n'est pas l'œuvre de la Révolution française, mais que celle-ci n'a fait qu'achever la lutte pluri-séculaire de la Monarchie absolue contre les autonomies locales et le provincialisme féodal.

Non seulement, notre perplexité est à son comble mais nous sommes déçus. Où est donc cette rupture fondamentale de notre grande Révolution française qu'on nous a si souvent enseignée ? Et la roue de l'histoire n'aurait-elle tourné pendant un demi-millénaire que pour voir la gauche actuelle remettre en vigueur les principes de la vieille France des provinces et des «pays», des autonomies et des particularismes régionaux et communaux, toutes idées chères à l'aristocratie féodale et contre lesquelles se sont élevés les fondateurs de notre unité nationale, monarchistes d'abord, républicains ensuite ?

Pour tenter d'expliquer cette apparente anomalie et mieux faire apparaître les différences entre la décentralisation d'aujourd'hui et celle de la France féodale, il nous fallait, en premier lieu, faire l'analyse de la longue période centraliste qu'a connue la France. C'est ce à quoi nous avons consacré les 2 premiers chapitres de ce dossier, d'abord en recherchant les circonstances économiques, sociales et politiques qui ont enraciné le centralisme dans notre histoire (chap. 1) puis en présentant les caractéristiques et le bilan des réformes des trois décennies qui ont suivi la dernière guerre (chap. 2).

Si la décentralisation semble entraîner depuis plusieurs années l'adhésion de la quasi-totalité des courants politiques et idéologiques, l'extrême diversité des réalités et des intentions que recouvre le terme et la difficulté qu'elle a eue à s'imposer dans les faits exigent que soit repris le débat de fond sur sa signification et son opportunité. S'identifie-t-elle nécessairement avec les idéaux de démocratie, d'égalité et de liberté ? Rapproche-t-elle vraiment le pouvoir des citoyens sans porter atteinte à l'unité nationale et sans nuire à l'efficacité des décisions ? Bref, peut-elle contribuer à «changer la vie» ?

Faut-il donc décentraliser ? Pourquoi ? Comment ? Jusqu'où ? Tels sont les éléments du débat que nous avons voulu réunir dans le chapitre 3.

Le chapitre 4 permettra alors au lecteur de juger sur pièce. Programmées par la gauche depuis 1972, les «lois Defferre», cette «grande affaire du septennat» selon les termes mêmes du Ministre, se veulent une rupture fondamentale avec le passé. En quoi s'agit-il d'une autre décentralisation traduisant à la fois le refus du fédéralisme sous ses formes anciennes ou modernes et l'abandon d'un système consacrant l'omnipotence du pouvoir central ? Pourquoi est-ce autre chose qu'une simple déconcentration imposée par les nécessités du développement économique et social ou par la crise ? Quelle part du pouvoir d'État sera laissée aux collectivités locales et territoriales ? Qui, dans celles-ci, détiendra la réalité du pouvoir ? Quelles sont les modalités de son application ? Quelles conséquences concrètes les uns et les autres en attendent-ils ?

Les extraits que nous avons sélectionnés ont pour but de répondre à ces questions.

1 | Les racines historiques du centralisme français

L'assimilation courante entre «centralisme» et «jacobinisme» tend à faire de la Révolution française - et particulièrement de la Convention «montagnarde» de Robespierre et de ses amis du Club des Jacobins (1793-1794) - le point de départ de la tradition centraliste française. C'est là une vision de l'histoire largement démentie par les faits.

Ainsi, A. de Tocqueville montre-t-il à quel point, sous l'Ancien Régime, le contrôleur général ressemblait déjà au Ministre de l'Intérieur et l'intendant au préfet (doc. 1), à quel point la tutelle de l'administration centrale était déjà une réalité (doc. 2) et comment Paris était déjà devenu le «maître de la France» (doc. 3).

En fait, dès ses origines, la monarchie française a tenté d'opposer à la multiplicité des pouvoirs féodaux, l'autorité directe de l'administration centrale. Véritables fondateurs du centralisme, les rois de France ont ainsi amorcé le processus d'unification nationale, malgré la résistance du «fédéralisme» traditionnel de l'aristocratie (doc. 4 et 5).

C'est la Révolution française qui allait achever ce processus. Mais l'unité nationale ne s'oppose pas nécessairement à la décentralisation. Les révolutionnaires de 1789 ont, à la fois, unifié la structure territoriale de la Nation en créant les départements et leurs subdivisions et institué l'une des conditions fondamentales d'une véritable décentralisation : l'élection des autorités locales (doc. 6).

Pourquoi alors le retour au centralisme à partir de 1793 et l'issue impériale de la Révolution (doc. 6) ? Ici, facteurs économiques, sociaux et politiques s'enchevêtrent et rendent difficiles la démarcation entre les explications objectives et les arguments subjectifs (doc. 7). Quoi qu'il en soit, le schéma classique de l'opposition entre Jacobins centralisateurs et Girondins décentralisateurs doit être reconsidéré (document 8).

Ce sont en fait le Consulat et l'Empire qui consacreront l'apogée du centralisme, d'abord par la suppression du principe électif, ensuite par l'institution préfectorale (doc. 9 et 10). Si le principe électif constitue l'un des principaux enjeux politiques du XIXᵉ siècle, il a fini par s'imposer définitivement, alors que le préfet, par contre, continuera à exercer sur les collectivités locales une ferme tutelle administrative et financière (doc. 11 à 13).

A. UNE ŒUVRE DE L'ANCIEN RÉGIME

1. La centralisation administrative est une institution de l'Ancien Régime

Quand on jette un premier regard sur l'ancienne administration du royaume, tout y paraît d'abord diversité de règles et d'autorité, enchevêtrement de pouvoirs. [...]

Ce sont là les débris des anciens pouvoirs ; mais il s'est établi peu à peu au milieu d'eux une chose comparativement nouvelle ou transformée, qui me reste à peindre.

Au centre du royaume et près du trône s'est formé un corps administratif d'une puissance singulière, et dans le sein duquel tous les pouvoirs se réunissent d'une façon nouvelle, *le conseil du roi*. [...]

De même que toute l'administration du pays est dirigée par un corps unique, presque tout le maniement des affaires intérieures est confié aux soins d'un seul agent, *le contrôleur général*. [...]

De même que l'administration centrale n'a, à vrai dire, qu'un seul agent à Paris, elle n'a qu'un seul agent dans chaque province. On trouve encore, au XVIIIᵉ siècle de grands seigneurs qui portent le nom de *gouverneurs de province*. Ce sont les anciens représentants, souvent héréditaires, de la royauté féodale. On leur accorde encore des honneurs, mais ils n'ont plus aucun pouvoir. L'intendant possède toute la réalité du gouvernement. [...]

Dans ses mains sont accumulés presque tous les pouvoirs que le conseil lui-même possède ; il les exerce tous en premier ressort. Comme ce conseil, il est tout à la fois administrateur et juge. L'intendant correspond avec tous les ministres ; il est l'agent unique, dans la province, de toutes les volontés du gouvernement.

A. de Tocqueville, *L'Ancien Régime et la Révolution*, Gallimard, 1967 (première édition 1856).

2. La tutelle administrative est une institution de l'Ancien Régime

Sous l'Ancien Régime comme de nos jours, il n'y avait ville, bourg, village, ni si petit hameau en France, hôpital, fabrique, couvent ni collège, qui pût avoir une volonté indépendante dans ses affaires particulières, ni administrer à sa volonté ses propres biens. Alors comme aujourd'hui, l'administration tenait donc tous les Français en tutelle, et si l'insolence du mot ne s'était pas encore produite, on avait du moins déjà la chose.

A. de Tocqueville, *op. cit.*

3. Paris, déjà, maître de la France

Ce n'est ni la situation, ni la grandeur, ni la richesse des capitales qui causent leur prépondérance politique sur le reste de l'empire, mais la nature du gouvernement.

Londres, qui est aussi peuplé qu'un royaume, n'a pas exercé jusqu'à présent d'influence souveraine sur les destinées de la Grande-Bretagne.

Aucun citoyen des États-Unis n'imagine que le peuple de New York puisse décider du sort de l'Union américaine. Bien plus, personne, dans l'État même de New York, ne se figure que la volonté particulière de cette ville puisse diriger seule les affaires. Cependant New York renferme aujourd'hui autant d'habitants que Paris en contenait au moment où la Révolution a éclaté.

Paris même, à l'époque des guerres de religion, était, comparativement au reste du royaume, aussi peuplé qu'il pouvait l'être en 1789. Néanmoins il ne put rien décider. Du temps de la Fronde, Paris n'est encore que la plus grande ville de France. En 1789, il est déjà la France même.

A. de Tocqueville, *op. cit.*

4. La centralisation monarchique contre le «confédéralisme» féodal

Le monde féodal, dominé par l'idée d'émiettement de l'État, ne concevait les rapports entre collectivités que sous la forme d'un lien unissant le suzerain au vassal. L'émancipation des villes se réalisa dans le cadre féodal par la conquête par la bourgeoisie d'une fraction du pouvoir d'État. La protection des libertés régionales reposait sur les notions de privilèges et de respect des particularismes féodaux.

Cependant, dès l'origine, la monarchie française s'efforça de substituer la notion de souveraineté à celle de suzeraineté, au lien indirect, par le canal des grands vassaux, le lien direct entre le pouvoir central et les sujets.

La formation du domaine royal, l'établissement d'une armée permanente, d'un impôt direct permanent, furent les éléments décisifs qui sonnèrent le glas du «confédéralisme» féodal.

Dans son domaine, et même au-delà de ce domaine, la monarchie s'efforcera d'installer ses agents à tous les échelons territoriaux afin d'asseoir son autorité directe sur les populations. Mais, de par sa nature même, pour des raisons financières aussi (la vénalité des charges), elle ne pourra supprimer les institutions ou circonscriptions devenues inutiles ou dangereuses et leur superposera seulement de nouvelles circonscriptions, de nouveaux agents.

M. Bourjol, *Les institutions régionales de 1789 à nos jours*, Berger-Levrault, 1969.

5. La résistance de l'aristocratie à la centralisation et à l'unité nationale

La structure de l'État, comme celle de la société constituait une négation de l'unité nationale. La mission historique des Capétiens avait été de donner à l'État, qu'ils avaient constitué en rassemblant autour de leur domaine les provinces françaises, l'unité administrative, facteur favorable à l'éveil de la conscience nationale comme à l'exercice du pouvoir royal. En fait, la nation demeurait séparée de l'État. [...]

Les tentatives de réforme de structure avaient échoué devant la résistance de l'aristocratie solidement campée dans ses Parlements, ses États provinciaux, ses Assemblées du clergé. Comme les sujets, les provinces et les villes avaient toujours leurs franchises et leurs privilèges, remparts contre l'absolutisme royal, mais aussi forteresses d'un particularisme obstiné.

En fait, on ne peut dissocier l'inachèvement de l'unité nationale par la monarchie absolutiste de la persistance d'une structure sociale de type aristocratique, négation même de l'unité nationale. Achever l'œuvre monarchique d'unification nationale eût été mettre en question la structure de la société et donc le privilège. Contradiction insoluble : jamais Louis XVI ne se résoudra à abandonner sa *fidèle noblesse*.

A. Soboul, La Révolution Française, 1982, réédition dans la collection Terrain du Précis d'histoire de la Révolution Française, 1972, Editions Sociales.

B. LES CONTRADICTIONS DE LA RÉVOLUTION FRANÇAISE

6. La Révolution française : flux et reflux de la décentralisation

La division territoriale nouvelle fut adoptée par la loi du 22 décembre 1789, relative aux assemblées primaires et aux assemblées administratives. A l'enchevêtrement des anciennes circonscriptions, fut substitué un système unique : le département subdivisé en districts, le district en cantons, le canton en communes. [...]

Le décret du 15 janvier 1790 fixa le nombre des départements à 83. [...]

Les institutions administratives locales avaient été recréées par l'Assemblée constituante suivant un plan national, le principe de la souveraineté nationale leur avait été appliqué : les administrateurs étaient élus. De là découlait la décentralisation, le pouvoir central ne pouvant agir autoritairement sur des autorités locales issues de la souveraineté populaire. De là aussi un affaiblissement de l'appareil administratif, les autorités locales étant collégiales et issues de l'élection. [...]

La tendance à la centralisation était cependant contenue en germe dans la rationalisation des institutions. La crise de la Révolution en 1793 accéléra l'évolution. Le Gouvernement révolutionnaire institua la permanence des administrations et, par le biais de l'épuration, remplaça en fait l'élection par la nomination. Le décret du 14 frimaire an II (4 décembre 1793) créa auprès des municipalités et des administrations de district des *agents nationaux* tenus de rendre compte tous les dix jours aux deux Comités de gouvernement. L'appareil bureaucratique fut renforcé et démocratisé.

La Constitution de l'an III rendit à la bourgeoisie des notables son monopole administratif, par le retour au suffrage censitaire. Mais elle tendit cependant à renforcer l'armature administrative de l'État par la nomination de commissaires du pouvoir exécutif auprès des administrations municipales et départementales. [...]

Mais, l'élection subsistant, l'instabilité demeurait, et parfois l'incompétence. Par la loi du 28 pluviôse an VIII (7 février 1800), Bonaparte supprima l'élection et créa un cadre de fonctionnaires d'autorité à sa nomination : il stabilisa ainsi l'appareil administratif et renforça sa compétence au service de l'État autoritaire.

A. Soboul, *La Révolution française*, op. cité.

7. Les facteurs du retour au centralisme

Prendre en main l'économie en période de crise politique...

Le Comité de Salut public jugea nécessaire de renforcer la centralisation administrative afin de réorganiser le gouvernement économique, d'unifier le maximum, de nationaliser le commerce extérieur et d'établir ainsi une répartition équitable entre les départements. [...]

Les nécessités économiques tout autant que les impératifs politiques incitaient le Comité à établir définitivement son autorité absolue sur toute la vie de la nation.

... achever l'unification nationale...

La nation française fit un pas décisif dans la voie de l'unité au cours de la Révolution. Les institutions nouvelles formèrent le cadre d'un État administrativement et économiquement unifié ; la conscience nationale se renforça en même temps dans les luttes révolutionnaires contre l'aristocratie et la coalition.

La rationalisation des institutions par l'Assemblée constituante, le retour à la centralisation par le Gouvernement révolutionnaire, l'effort administratif du Directoire achevèrent l'œuvre de la monarchie d'Ancien Régime par la destruction des autonomies et des particularismes, par la mise en place de l'armature institutionnelle d'un État unifié. En même temps, [...] s'éveillait et se forgeait la conscience d'une nation *une et indivisible*.

... triompher des forces sociales d'Ancien Régime...

Partout la résistance girondine entravait l'action des représentants en mission dans les départements. Les particularismes locaux se dressaient contre le pouvoir central, les tendances fédérales s'affirmaient. Avec la complicité souvent active de la Gironde, les intérêts de classe l'emportaient sur les nécessités de la défense nationale ; bourgeoisie demeurée monarchiste et partisans de l'Ancien Régime paralysaient la défense révolutionnaire.

[...] Partout les pouvoirs appartenaient à des corps élus : s'ils tombaient aux mains des adversaires de l'ordre nouveau, la Révolution était compromise. Pour défendre la Révolution, il fallut revenir, deux ans plus tard, à la centralisation.

... museler le mouvement populaire...

Il parut nécessaire de délimiter les pouvoirs respectifs, de les subordonner au pouvoir central, de tourner définitivement la spontanéité révolutionnaire des masses vers les buts assignés par le Gouvernement révolutionnaire. [...]

Les Comités de gouvernement brisèrent l'armature du mouvement populaire : mais à intégrer de force dans les cadres jacobins un mouvement jusque-là autonome, qui avait ses aspirations propres et sa pratique de la démocratie, les Comités s'aliénèrent les sans-culottes. Ainsi se manifesta l'antagonisme irréductible entre la sans-culotterie et la bourgeoisie jacobine. [...]

La logique des événements aboutissait à reconstituer la centralisation, à rétablir la stabilité administrative, à renforcer l'autorité gouvernementale, conditions nécessaires de cette victoire obstinément poursuivie par le Comité de Salut public. Mais c'en était fini de la liberté d'action du mouvement populaire.

... créer un marché national...

Des liens économiques nouveaux renforçaient l'unité nationale. Le morcellement féodal détruit, les péages et les douanes intérieures abolis, le «reculement des barrières» jusqu'à la frontière politique tendaient à unifier le marché national, par ailleurs protégé de la concurrence étrangère par un tarif protectionniste. La libre circulation intérieure éveilla et consolida la solidarité économique des diverses régions, dans la mesure cependant où le permettait le développement des moyens de communication.

A. Soboul, *Histoire de la Révolution française,* Éditions Sociales.

... gérer le conflit entre grande bourgeoisie départementale et petite bourgeoisie municipale

Mais le système établi par les Constituants prend des allures de compromis : entériner le réveil municipal qui a joué un rôle moteur essentiel dans la Révolution populaire de l'été 1789, tout en évitant que la commune ne constitue la cellule de la décentralisation. Pour cela, on insère la commune dans un ensemble institutionnel destiné à la neutraliser. [...]

Administrateurs municipaux et départementaux sont élus parmi les citoyens payant un impôt direct au moins égal à la valeur de dix journées de travail. Mais les premiers sont désignés au suffrage direct par les électeurs de base, tandis que le suffrage est indirect pour les seconds, qui doivent être élus par leurs pairs électoraux, les citoyens les plus imposés. Un décalage social va s'instaurer entre les deux extrémités du complexe administratif, qui renforce les divergences. Au niveau départemental, les administrateurs viennent de la grande bourgeoisie, voire des anciennes classes privilégiées. [...]

Au contraire, les administrateurs communaux sont de petits bourgeois «patriotes», qui représentent la tendance centrifuge de cette organisation. [...]

La pénétration des forces populaires après la conquête du suffrage universel le 10 août, aggrave le conflit entre les municipalités montagnardes, qui réclament un programme d'assistance démocratique, et les départements girondins, qui veulent sauver la révolution bourgeoise. Toute l'œuvre de la Convention, à partir de l'été 1793, va consister à briser le mouvement fédéraliste de la Gironde et à rétablir la centralisation : le pouvoir central s'appuie d'abord sur les communes pour lesquelles Paris demeure le siège de la Révolution, puis reprend ses distances vis-à-vis d'elles au fur et à mesure qu'il parvient à les contrôler.

J. Sallois, *L'administration, les hommes, les techniques, les rouages,* Culture, Arts, Loisirs.

8. Jacobins et Girondins

En fait, Jacobins comme Girondins[1] étaient passionnément décentralisateurs, par opposition à la tradition monarchique, mais les premiers ont accusé les seconds d'être «fédéralistes». Qu'est-ce à dire ? En 1793, comme en 1790, «fédéralisme» signifie simplement que des citoyens, voisins dans l'espace, se «fédèrent» en vue d'une action politique commune. Cela ne signifie nullement que l'on conçoive une division du corps national en régions fédérées, car personne n'y pensait en France à la fin du XVIIIe siècle.

Sur ce plan Girondins et Montagnards ne différaient nullement. A quoi se réduit donc la fameuse centralisation des Jacobins ? Au décret de Frimaire (4-12-1793), expédient de guerre et de famine, qui ne touche pas aux principes de décentralisation absolue, toujours valable au niveau des départements, mais qui centralise provisoirement, en raison de l'urgence, au niveau des districts (arrondissements).

Par contre les survivants des Girondins, qui rejoignirent le Marais de la Convention après Thermidor (27-7-1794) avaient appris dans leurs malheurs la méfiance du peuple. Ils revinrent donc à la tradition monarchique de centralisation avec la Constitution de l'an III, celle du Directoire (1795). Pendant les cinq années suivantes, les Jacobins, opposants plus ou moins persécutés, réclamèrent obstinément le retour à la Constitution de l'an I, c'est-à-dire à la décentralisation absolue.

Y. Person, «Jacobins et Girondins : l'idéologie de l'unité», *Les Temps Modernes,* n° 324-25-26, août-septembre 1973.

1. Voir pages 8 et 13.

C. CENTRALISME IMPÉRIAL ET PRUDENTE DÉCENTRALISATION MONARCHIQUE ET RÉPUBLICAINE

9. Le centralisme atteint son apogée à l'aube du XIXᵉ siècle

La réforme de l'administration alla de pair avec le renforcement du pouvoir central, ce fut elle qui donna les premiers résultats. La loi du 28 pluviôse an VIII (17 février 1800) rapportée par Chaptal vida les institutions locales de tout pouvoir, au profit des représentants du gouvernement central. L'élection des autorités locales disparut : le conseil général du département (de 16 à 24 membres), le conseil d'arrondissement (de 11 membres, l'arrondissement remplaçant l'ancienne circonscription révolutionnaire du district) étaient choisis par le Premier Consul sur la liste des notabilités départementales ; le conseil municipal par le préfet sur la liste des notabilités communales. Face à ces conseils aux attributions purement consultatives, les représentants du gouvernement, fonctionnaires hiérarchisés, concentraient tous les pouvoirs. Maires dans les communes de plus de 5 000 habitants, sous-préfets dans l'arrondissement, préfets dans le département sont nommés par le Premier Consul. «Le préfet sera seul chargé de l'administration.» Il a aussi un rôle politique : surveiller l'esprit public, annuler toute vie collective de club ou de parti, faire régner, suivant le mot de Beugnot, secrétaire du ministère de l'Intérieur, «une grande immobilité politique et un grand mouvement domestique», c'est-à-dire une grande activité économique. Il s'agissait, suivant l'orateur du Tribunat devant le Corps législatif, de «donner à l'action du gouvernement unité, vigueur et célérité, en mettant en jeu la volonté d'un moteur unique dans chaque département».

A. Soboul, *La Première République*, Calmann-Lévy, 1968.

10. Le préfet : un «empereur au petit pied»

Les pouvoirs du préfet d'Empire, clef de voûte de l'organisation locale, doivent être appréciés en fonction de trois facteurs. D'abord la centralisation des pouvoirs entre les mains d'un seul homme désigné par le peuple par voie plébiscitaire. Ensuite le fait

Grand moment de la décentralisation en France : les deux grandes lois décentralisatrices de la IIIe République, celle du 10 août 1871, qui fixe jusqu'à nos jours les traits fondamentaux des institutions des départements en tant qu'organes décentralisés, et celle du 5 avril 1884, qui constitue une véritable «charte municipale» encore incorporée dans le Code de l'administration communale. [...]

L'ensemble a en définitive pour objectif d'assurer à la République bourgeoise, victorieuse des Communards, la fidélité des notables départementaux, la représentation politique, éminemment modérée, des propriétaires fonciers et, dans les villes surtout, la promotion aux affaires locales des classes moyennes. Au demeurant, la marge d'autonomie concédée aux élus locaux est soigneusement limitée par une ferme tutelle administrative. Le système évoluera peu jusqu'à la Seconde Guerre mondiale : le compromis radical s'avèrera assez souple pour épouser les évolutions de la formation sociale française, longtemps dominée par le poids du monde rural, assez solide pour assurer le consensus autour des institutions de la République.

Regards sur l'Actualité, n° 74, Documentation Française, *op. cit.*

2 Le temps des réformes

La période qui va de la fin de la Seconde Guerre mondiale à 1981 est dominée en France par la naissance d'une unité territoriale nouvelle : la région.

● La 1re phase de la régionalisation est marquée par le rôle essentiellement économique attribué à la région dans le cadre de la politique de planification et d'aménagement du territoire (doc. 1), de la priorité accordée à l'objectif de croissance (doc. 2) et de l'adhésion de la France à la C.E.E. (doc. 3). Culminant avec la réforme de 1964 qui fait de la région une *circonscription administrative* sans aucun pouvoir propre, cette première phase maintient intégralement la tradition centraliste (doc. 4), dans la mesure où la seule autonomie qu'elle institue est celle de l'agent du pouvoir central : le préfet de région (doc. 5). C'est la définition même de la *déconcentration,* simple modernisation du centralisme.

● La seconde phase, par contre, fertile en projets et débats acharnés pose le problème du *pouvoir régional.* Dans la seconde moitié des années 60, la poussée des mouvements de contestation de la société de consommation, la résurgence des cultures régionales minoritaires et des aspirations autogestionnaires dont les événements de mai 68 seront l'expression spectaculaire (doc. 6 et 7), aboutira, en 1969, à la tentative infructueuse du Général de Gaulle de restaurer le consensus national tout en amenuisant le pouvoir «notabilaire» (doc. 8). Mais c'est, en fait, la réforme de 1972 qui, survenant après les mesures d'allègement de la tutelle sur les communes, établira un premier compromis entre les partisans de la décentralisation et les tenants du centralisme ; compromis déséquilibré pourtant, dans la mesure où la région n'accède pas au statut de *collectivité territoriale* comme dans le projet gaulliste, mais devient un simple *établissement public* (doc. 9 et 10). Quant au second compromis, tenté six ans plus tard au profit des départements et communes, il restera à l'état de projet (doc. 11).

En définitive, à la veille de l'avènement de la gauche au pouvoir en 1981, les collectivités locales sont encore considérées comme des entités mineures (doc. 12). Comme si le centre craignait d'autant plus le contre-pouvoir périphérique que celui-ci concerne des ensembles plus vastes, le degré d'autonomie s'amenuise au fur et à mesure que l'on passe de la commune au département et à la région. Ainsi, bien que la tutelle préfectorale soit partout présente, la commune jouit-elle, en la personne du maire et contrairement au département, d'un pouvoir exécutif élu (doc. 13 et 14). Quant aux 22 régions de France métropolitaine, elles ne constituent encore qu'un regroupement de départements dont les compétences limitées ne sont exercées par aucun organe administratif élu au suffrage universel direct (doc. 15 et 16). Rien d'étonnant, par conséquent, si la dépendance financière des collectivités locales, fonction inverse du degré d'autonomie administrative, est particulièrement forte en France par rapport à la situation observée chez beaucoup de nos voisins (doc. 17).

La dernière partie de ce chapitre présente précisément la situation de nos principaux voisins européens où la décentralisation constitue pour les uns un fait acquis de longue date, pour les autres le résultat de récentes réformes régionales. Dans le premier cas, on trouve la R.F.A. où l'autonomie législative et juridique des États est inscrite dans la Constitution, mais aussi où l'auto-administration des collectivités de base s'est forgée dès l'origine de son histoire nationale. Vieille tradition également, l'existence, en Grande-Bretagne, de pouvoirs locaux considérés comme l'un des fondements de la démocratie (doc. 18). Dans d'autres pays, par contre, comme l'Italie, l'Espagne ou la Belgique, les réformes régionales ont été, comme en France, au centre des changements intervenus dans la période récente. Mais, plus tôt qu'en France, elles ont abouti à faire de la région une collectivité majeure, responsable et largement autonome par rapport au pouvoir central (doc. 19). Ainsi, l'exemple de ces pays met-il en évidence l'exception que constituait la France à l'aube des années 80, dans le cadre européen.

Les réformes régionales :
quelques points de repère chronologique

1954-1956 - 22 *régions de programme* sont instituées pour la mise en œuvre du Plan de développement économique et social et l'aménagement du territoire. Un *comité d'Expansion économique* composé d'élus locaux et de représentants des groupes socio-professionnels y joue un rôle consultatif. Les IGAMES (Inspecteurs Généraux de l'Administration en Mission Extraordinaire) créés en 1948 pour assurer le maintien de l'ordre, sont affectés à la coordination interrégionale entre 1956 et 1960.

1959-1961 - La région devient une *circonscription d'action régionale* dotée d'un *préfet coordinateur* assisté du comité d'Expansion. Leur rôle reste purement consultatif. A la suite de la fusion des régions Rhône et Alpes, le nombre de régions est ramené à 21.

1963 - Création de la *Délégation à l'aménagement du territoire et à l'action régionale* (DATAR).

1964 - Décret du 14 mars : Le *préfet de région* (également préfet du département où se trouve le chef-lieu de la région) reçoit la responsabilité exclusive de la préparation et de l'exécution du Plan régional. La *Commission de Développement Économique Régional* (CODER) remplace le comité d'Expansion dans le rôle d'organe consultatif.

1969 - Le Général de Gaulle soumet à référendum le «projet de loi relatif à la création de régions et à la rénovation du Sénat». Ce projet institue la région en tant que *collectivité locale*. Le préfet conserve le pouvoir exécutif, mais un *conseil régional* composé d'élus (députés des départements et conseillers élus par les conseils généraux et municipaux) et de représentants désignés par les groupes socio-professionnels, assure le pouvoir de délibération [1]. L'État transfère à la région le produit de certains impôts.

Quant au Sénat, son rôle devient essentiellement consultatif ; les sénateurs, élus dans le cadre de la région, devaient représenter, d'une part, les collectivités territoriales (élus par les députés de la région et les conseillers régionaux, généraux et municipaux de la région), d'autre part, les activités économiques, sociales et culturelles (désignés par les organisations représentatives).

Au référendum, le NON l'emporte de peu et entraîne le départ de de Gaulle de la scène politique.

1970 - A la suite de la séparation de la région Corse et de la région Provence-Côte d'Azur, le nombre de régions est à nouveau de 22.

1972 - Loi du 5 juillet : la région devient un *établissement public*. Le préfet de région conserve le pouvoir exécutif, le conseil régional assure le pouvoir de délibération mais il n'est composé que d'élus (députés, sénateurs et représentants des collectivités locales). Les «socio-professionnels» n'ont qu'un rôle consultatif à travers le *comité économique et social* qui prend la place de la CODER.

---

1. Il s'agit en fait d'une fausse collectivité locale, puisque, selon la Constitution, celle-ci implique, à la différence de l'établissement public, l'élection de l'organe délibérant.

A. GÉRER LA CROISSANCE PAR LA DÉCONCENTRATION

1. Organiser la planification

L'expansion de l'industrie, le développement des échanges et la modernisation du pays après les années de guerre, en entraînant des changements structurels de toute sorte, exigeaient que l'État devienne planificateur, pour prévoir et organiser le changement, dans l'intérêt collectif.

Mais, dès le début des années 50, il est apparu que cette politique nécessaire de planification, d'organisation, puis de suivi et de contrôle des réalisations, de l'application des décisions, pouvait difficilement se concevoir sans relais nouveau.

Un point charnière, intermédiaire entre les impulsions de l'État et les réactions venues du terrain économique s'avérait nécessaire pour que des décisions, prises au niveau macro-économique, gardent un sens au niveau des problèmes locaux. [...]

Les Plans exigeaient, pour des raisons de commodité, la définition d'un cadre d'étude et de programmation des objectifs et d'un champ d'application des politiques décidées au niveau national : découper la France en régions apparaissait être une condition essentielle pour mieux planifier comme pour mieux aménager.

Les régions administratives sont nées d'un double impératif, économique et technique, et non pas d'une volonté politique de reconnaître une quelconque identité régionale.

J.J. et M. Dayries, *La régionalisation*, coll. Que sais-je ? P.U.F. 1978.

2. Mieux répartir la croissance

L'idée de régionalisation est apparue d'autant plus vive que l'inégalité du développement économique de l'après-guerre n'avait pu être combattue suffisamment par les premiers succès de la politique d'aménagement du territoire.

L'écart se creusait entre les zones du territoire qui se modernisaient, accaparant la nouvelle croissance industrielle et accroissant leurs chances de développement ultérieur (schématiquement au Nord d'une ligne Brest-Marseille), et les zones qui au contraire restaient le domaine de formes plus traditionnelles d'activité (Bretagne, Aquitaine, zones montagneuses) et devenaient des poches de sous-développement relatif.

En effet, le phénomène amorcé au XIXe siècle avec le début de l'exode rural et de l'industrialisation s'accentua dans l'entre-deux-guerres et les années 50. [...]

Le développement des échanges et la diminution des coûts des transports, en mettant en concurrence les zones d'activité agricole, favorisaient les plus douées, celles dont la productivité est la meilleure. D'autre part, des régions comme le Nord, qui avaient été à la pointe de la révolution industrielle du XIXe siècle en s'équipant d'industries de base (sidérurgie, textile), se sont trouvées à l'écart du développement du secteur tertiaire, désormais principal créateur d'emplois. [...]

Pour lutter contre ce qui, justement, apparaissait en 1947 comme «Paris et le désert français», il y eut, dans les projets de régionalisation administrative et économique qui se précisèrent au cours des années 50, la volonté du gouvernement de contrebalancer le poids excessif pris par la région parisienne dans l'ensemble du territoire.

J.J. et M. Dayries, *La régionalisation*, coll. Que sais-je ? P.U.F 1978.

3. Faciliter l'intégration européenne

Pour s'affirmer, l'Europe doit certes se doter d'institutions centrales, mais elle doit aussi s'appuyer sur des structures locales correspondant à l'éventail de commandement d'un ensemble humain de 180 millions d'habitants.

Tout naturellement, l'État-nation semble devoir servir d'échelon «local». Mais, les nations ont une tendance naturelle à résister au mouvement d'intégration.

Aussi, grande est la tentation de rechercher un autre niveau de décision ou d'exécution, suffisamment large pour correspondre aux dimensions européennes, mais pourtant plus étroit que l'échelon national pour ne pas remettre en cause l'unité européenne encore fragile.

Dans ses recommandations de 1963, la commission proposait, dans le cadre de la politique à moyen terme, de définir une politique d'aménagement régional conformément aux dispositions du traité de Rome faisant intervenir la notion de «région» et «d'action régionale».

M. Bourjol, *Les institutions régionales de 1789 à nos jours*, Berger-Levrault, 1969.

4. La réforme régionale de 1964 : la déconcentration déguisée

Cependant, les années 60 devaient être caractérisées par la tentative de substituer à la querelle traditionnelle entre centre et périphérie une politique d'aménagement du territoire qui permettrait aux autorités politiques, à Paris, de formuler une politique nationale visant à réconcilier les intérêts contradictoires de Paris et des Provinces, et ferait avancer les projets de l'État gaulliste. L'attrait que la régionalisation fonctionnelle eut tout au long de la décennie gaulliste de la Ve République, résidait dans le fait que des forces décentralistes et régionalistes considérées comme facteurs de désordre, et potentiellement subversives, étaient censées être cooptées pour la tâche de modernisation de la France, sous l'égide de l'agent principal de l'autorité centrale déconcentrée : le préfet. La préparation de la contre-attaque du Centre pour recentraliser le régionalisme fut annoncée par le décret du 2 juin 1960 standardisant les territoires administratifs, puis en 1961 par une intégration de la planification nationale aux plans de développement économique régional, et la mise en place des instruments administratifs de la déconcentration.[...]

Les fondations préliminaires des réformes régionales de 1964 furent achevées avec la création en février 1963 de la Délégation à l'Aménagement du Territoire et à l'Action Régionale (DATAR). [...]

Cela étant fait, les aspects bureaucratiques et groupes d'intérêt de la réforme de 1964, avaient le feu vert. [...]

Il s'agissait d'éviter l'émergence de conseils régionaux élus, en établissant des conseils consultatifs régionaux de développement économique. [...]

La nature équivoque de la régionalisation fonctionnelle centraliste des années 60 n'était pas seulement due à l'utilisation de techniques de planification nationale du style économie concertée, permettant d'impliquer les syndicats et les représentants d'autres groupes d'intérêt, sous couvert de réduire les disparités nationales et d'augmenter la croissance nationale à l'inflation modérée. Cela consistait à faire passer un exercice de déconcentration administrative pour une audacieuse entreprise de décentralisation, dans l'espoir que cette conduite administrative rencontrerait un consensus chez les nouveaux notables économiques.

J. Hayward, «La régionalisation fonctionnelle en France», *Pouvoirs*, n° 19, 4e trimestre 1981.

5. Une plus grande autonomie...
pour le préfet

Le préfet coordonnateur devenait préfet de région : une région qui demeurait, ni établissement public ni collectivité territoriale, une simple circonscription administrative. Et le préfet de région était «l'homme fort» du système.

L'essentiel des pouvoirs du préfet de région s'exprime en matière de planification et d'investissements publics, une large déconcentration lui étant consentie à cet égard : il constitue, dans la région, l'articulation entre le Plan et le Budget. Le préfet de région est chargé de préparer le Plan et d'en suivre chaque année l'exécution dans la région. Il en fait rapport au Premier Ministre.

Les textes de 1964 ont été complétés par les décrets du 10 mai 1968 et du 13 novembre 1970 qui ont déconcentré les investissements publics, c'est-à-dire donné au préfet de région délégation pour la décision de répartition de certains crédits d'État [...].

Le préfet de région se trouvait ainsi doté, non pas d'un simple rôle de transmission des instructions de l'État mais d'un certain pouvoir de décision au niveau de la traduction, en termes d'investissements, de la politique de l'État. De plus, il s'avéra dès le début que, étant chargé de la préparation des rapports préparatoires du Plan, disposant seul des moyens d'information, d'analyse et de prévision que pouvait offrir l'administration, c'est lui qui déterminait les orientations du Plan sans que les représentants de la population puissent faire davantage que donner un avis sur des dossiers à l'élaboration desquels ils n'avaient pas participé.

J.J. et M. Dayries, *La régionalisation*, coll. Que sais-je ? P.U.F., 1978.

B. ASPIRATIONS NOUVELLES ET COMPROMIS INSTITUTIONNELS

6. Contestation du modèle de croissance et crise de l'État-Nation

Un nouveau climat politique s'instaurait dans les pays développés, qui valorisait les minorités et les différences et dénonçait le nivellement moderniste. La croissance, la société de consommation, l'escalade des technologies lourdes, cessaient d'être des évidences. La réflexion écologiste, mettant l'accent sur les équilibres naturels, réhabilitait par là même les peuples et cultures minoritaires d'Occident, repoussés dans leurs montagnes et leurs îles par des processus qu'on cessait de considérer comme inéluctables.

Les «événements» de mai 1968 n'ont été que l'expression ponctuelle et spectaculaire, éphémère seulement en apparence, de ces idées nouvelles et de ces nouvelles sensibilités qui s'exprimaient dans maintes sphères de la vie sociale. [...]

La revendication du droit à la différence jouait, en effet, en faveur de ces peuples minoritaires. Les aspirations à une nouvelle culture venue d'en bas, à une «contre-culture», venaient relayer le vieux culturalisme passéiste des bardes, des félibres et de tous leurs pairs. L'expansion économique capitaliste, qui semblait alors triomphante, frappait sévèrement les régions minoritaires dont l'équilibre économique traditionnel était bouleversé. Les aspirations régionalistes n'étaient donc plus l'affaire des seuls intellectuels; elles faisaient place aux griefs des travailleurs «délocalisés».

J. Chesneaux, «Dissidences régionales et crise de l'État-Nation en Europe occidentale»; *Le Monde diplomatique,* Avril 1981.

7. «Vivre, travailler et décider au pays» : le mouvement occitan

La revendication générale «vivre-travailler et décider au pays» se condense en un projet d'autonomie démocratique. [...]

Le mythe devient réalité : une communauté de problèmes, une solidarité de luttes donnent une conscience unitaire à des régions différentes qui redécouvrent par là qu'elles parlent la même langue.

La revendication occitane propose ainsi une autre logique économique s'opposant à la rationalité économique préconisant la mobilité de l'emploi et au redéploiement capitaliste. Ainsi l'aspiration des individus à retrouver et défendre leur identité culturelle met en cause fondamentalement le capitalisme. [...]

Elle s'attaque à l'idéologie dominante. Elle met en cause des valeurs qui depuis quatre siècles se sont imposées dans ce pays : le centralisme d'abord, et tout le centralisme, de Paris sur la province, mais aussi des métropoles régionales sur les préfectures, des préfectures sur les chefs-lieux de canton, des chefs-lieux de canton sur les communes rurales, c'est une revendication à l'autonomie communale, au pouvoir local, à l'autogestion sur place.

P. Tournemire, « Curieusement, le régionalisme », *Pourquoi ?* n° 142, Février 1979.

8. Le référendum de 1969 après Mai 68

Toutefois, même avant le défi de *mai 68*, de Gaulle était arrivé à la conclusion exprimée dans le discours de Lyon, en mars 1968, que « l'effort multiséculaire de centralisation ne s'impose plus », et que le développement régional procurerait le pouvoir économique nécessaire, sans menacer l'unité de l'État français. Confronté à un défi lancé à son autorité personnelle de la source la plus inattendue, et l'ayant maîtrisé avec succès, de Gaulle décida de briser la résistance des vieux notables qui s'abritaient au Sénat et dans les mairies, en utilisant le référendum d'avril 1969 [1]. [...]

Malgré l'important soutien du public à la réforme régionale, la crainte des groupes d'intérêt de se voir intégrés, et la peur des notables de se voir réduire à l'impuissance, entraînèrent un vote négatif. Ce qui fut facilité par les électeurs conservateurs qui, joignant en cela l'électorat de gauche, souhaitaient plus le remplacement de de Gaulle qu'ils ne le redoutaient.

J. Hayward, « Incorporer la périphérie : l'essor et la chute de la régionalisation fonctionnelle en France », *Pouvoirs,* n° 19, 4ᵉ trimestre 1981.

1. La question soumise à référendum était : « Approuvez-vous le projet de loi relatif à la création de régions et à la rénovation du Sénat ? »

9. Les réformes communales de 1970 et 1971 : améliorer l'efficacité, moderniser le centralisme

Les collectivités locales de base font à leur tour l'objet d'efforts de restructuration et de décentralisation destinés à leur permettre de faire face aux nécessités techniques et financières de la période : la loi du 31 décembre 1970 allège la tutelle et modernise les règles de fonctionnement des institutions communales ; la loi du 16 juillet 1971 s'efforce d'encourager les fusions et regroupements de communes [1] pour remédier à un émiettement qui est source d'impuissance...

En définitive, toutefois, rien n'est fondamentalement changé dans l'équilibre traditionnel.

Regards sur l'Actualité, nº 74, Sept.-Oct. 1981, Documentation Française.

10. Le premier compromis : la réforme de 1972

La loi de 1972 elle-même est le résultat d'un compromis - certes déséquilibré - entre partisans et adversaires de la régionalisation. [...]

L'ambiguïté résulte aussi de l'attitude gouvernementale qui ne va pas au bout de sa propre logique - laquelle consisterait, à terme, à faire un choix définitif entre le département et la région, pour supprimer le niveau d'administration dont les effets dysfonctionnels sembleraient l'emporter. [...]

On sait que la loi de 1972 a répudié l'élection des conseils régionaux au suffrage universel direct et qu'elle a strictement réparti les rôles entre une assemblée d'élus émanant d'autres instances représentatives, et une assemblée de «socio-professionnels» qui disposent de moindres compétences. Or un tel système entretient quelques effets pervers, qui affectent l'institution régionale dans sa légitimité même. Tandis que ceux qui ont l'essentiel du pouvoir délibérant n'incarnent que très imparfaitement la région, ceux qui représentent directement les forces vives et les activités régionales sont, en fait, tenus en lisière du processus de décision. [...]

En définitive, l'expérience française de régionalisation n'a pas

1. Associations de communes ayant le statut d'établissement public sous des formes institutionnelles diverses : syndicats intercommunaux - districts - communautés urbaines.

altéré les traits distinctifs du modèle de relations entre le centre et la périphérie. Elle s'intègre parfaitement dans les préoccupations stratégiques du pouvoir central qui s'en accommode fort bien. Mais en même temps elle majore de façon significative les ressources stratégiques des pouvoirs locaux.

P. Sadran, La décentralisation, *Cahiers Français*, n° 204, Janv-Fév. 1982, Documentation Française.

11. Le second compromis : le projet de loi de 1978

Une première remarque s'impose aussitôt : il n'est question de développer les responsabilités que des seules communes et départements, et non des «régions», ou plus exactement des «établissements publics régionaux», dont il est bien entendu que le rôle et les moyens doivent demeurer tels que les a circonscrits la loi de 1972 et qui d'ailleurs, n'ont pas le statut juridique de collectivités locales. [...]

Trois grands principes inspirent, par ailleurs, le projet, que l'exposé des motifs énonce ainsi :

«- Les communes et les départements sont les collectivités de base de la démocratie. Leur existence est garantie par la Constitution. Elles assurent la participation des citoyens à la vie locale. Elles concourent, avec l'État, à l'administration de la France.

«- Le partage des compétences est clairement défini afin d'éviter tout conflit d'attributions entre l'État, les départements et les communes. Tout transfert de compétences s'accompagne d'un transfert des moyens financiers correspondants.

«- Les communes et les départements définissent librement, dans le cadre des lois et pour les compétences qui leur sont propres, la nature, l'importance et la qualité des services offerts à leurs habitants. Ils déterminent librement le principe et les modalités de leur coopération.» [...]

Ce projet peut être considéré tout d'abord comme l'achèvement du processus d'allègement de la «tutelle» qui, à l'origine, pesait sur tous les actes de nos collectivités locales ; [...]

En second lieu, le projet vise à renverser l'évolution centralisatrice continue que nous avons connue depuis la dernière guerre surtout et même [...] depuis le premier conflit mondial[1].

J. Couarieu, «Vie des collectivités locales, le projet de loi de développement des responsabilités des collectivités locales», *Revue Administrative*, n° 187, Janv-Fév. 1979.

1. Ce projet s'enlisera, lors du débat parlementaire, sous le poids de 1 000 amendements et la loi qui devait en résulter ne verra jamais le jour.

C. LE BILAN DES RÉFORMES : LA FRANCE EN 1980

12. Des collectivités locales sous surveillance continue

L'autonomie de gestion des collectivités locales françaises est particulièrement restreinte. [...]

Ce qu'on appelle habituellement mais improprement tutelle administrative consiste en un contrôle du pouvoir central qui inclut parfois, par le biais de l'approbation préalable, une appréciation de l'opportunité des décisions. Lorsque cette hypothèse se vérifie, la liberté d'action de la collectivité locale est particulièrement limitée, puisqu'elle est subordonnée à l'acceptation du pouvoir central ou de son représentant. Il faut un accord de volontés entre les deux partenaires ; on ne peut donc parler, dans ce cas, de libre administration de la collectivité locale. Cette forme de dépendance n'est cependant pas la plus grave : elle est claire, contrôlée par les tribunaux et en voie de réduction sensible.

Par contre, d'autres formes de dépendance, plus insidieuses, nées de la pratique administrative et non strictement réglementées par des textes, se sont considérablement développées. On les appelle communément tutelles indirectes ou tutelles modernes ; elles paralysent les collectivités locales. La prolifération des normes techniques, le recours systématique à l'acte type, l'attention tutélaire des services techniques de l'État, la politique des subventions conditionnelles, l'intéressement des ingénieurs et techniciens de l'État qui les transforment en mercenaires des communes en sont les plus courantes manifestations ; elles brisent l'autonomie locale. Tout se passe comme si les collectivités locales étaient, dans leur gestion, sous surveillance continue.

J. Baguenard, *La décentralisation territoriale*, coll. Que sais-je ? P.U.F., 1980.

13. La commune

L'administration communale repose sur deux organes : le Conseil municipal qui a des pouvoirs délibérants et le maire qui a un pouvoir d'exécution.

Le Conseil municipal est élu au suffrage universel par tous les électeurs habitant la commune.

[...] Ses attributions sont très vastes et s'étendent à toutes les affaires de la commune : organisation des services municipaux, administration des propriétés communales, vote du budget communal. [...]

Sauf exception les délibérations du Conseil municipal sont exécutoires. La tutelle administrative exercée par le corps préfectoral reste assez stricte, notamment en matière financière, malgré d'importants allègements intervenus à la fin de 1970.

Le maire est à la fois l'organe exécutif de la commune [1] et le représentant du pouvoir central dans celle-ci. Son rôle est très important. En sa qualité d'agent du pouvoir central, il dispose de pouvoirs administratifs en vue de l'exécution des lois et règlements. Il dispose aussi de pouvoirs judiciaires et de pouvoirs de police. Il exerce les fonctions d'officier d'état civil ; il assure l'ordre public et peut édicter les règlements à cet effet. En sa qualité de premier magistrat élu par le Conseil municipal, le maire est chargé de préparer et d'exécuter les délibérations de celui-ci portant sur les affaires de la commune : budget, marchés, nomination d'agents communaux. L'exécution de ces tâches est assurée par des arrêtés pris par le maire. Dans certains cas ces arrêtés peuvent être annulés ou suspendus par le préfet.

Documentation Française.

14. Le département

Organe exécutif du département, le préfet instruit toutes les affaires qui doivent être soumises à la commission départementale ou au conseil général. Ces assemblées ne peuvent délibérer sur une affaire que lorsque celle-ci a fait l'objet d'un rapport du préfet. Ce dernier a droit d'entrée et de parole aux séances de ces deux assemblées.

Il est chargé de l'exécution des décisions du conseil général ou de la commission départementale.

«Préfet et commissaire de la République», *Cahiers Français*, n° 204, janvier-février 1982, Documentation Française.

1. Le nombre de communes en France est de 36 000.

C'est infiniment plus vrai pour le département que pour la commune, il s'agit d'une liberté et d'une autonomie limitées.

Tout département a une autonomie limitée de ses compétences. Les attributions sont fixées par une autorité supérieure : le législateur, le gouvernement, le juge. Mais lorsqu'elles lui appartiennent, ses organes dirigeants doivent les exercer et n'ont pas la possibilité d'y renoncer ou de refuser de les appliquer. [...]

Il ne suffit pas, dans la pratique, d'avoir l'autonomie juridique des compétences pour pouvoir les exercer. Il en faut les moyens effectifs, donc les moyens financiers. Or les départements ont des ressources limitées par la loi et inadaptées au monde moderne. Les besoins du département sont par suite loin d'être couverts par ses ressources. Il faut donc combler ces besoins financiers par des emprunts, subventions, toutes sortes de techniques fiscales, budgétaires, financières qui relèvent sans exception de la tutelle du pouvoir central.

Les départements sont soumis à la tutelle de l'État, à son contrôle. Cette tutelle est double : on distingue la tutelle administrative et la tutelle financière.

● La tutelle administrative comprend :
- l'approbation de certaines décisions qui ne peuvent être exécutées sans avoir été approuvées par l'autorité de tutelle.
- l'annulation : l'autorité de tutelle annule certaines décisions.
- la substitution : possibilité pour l'autorité de tutelle de se substituer aux autorités départementales, si celles-ci n'ont pas fait un acte qu'elles auraient dû accomplir.

● La tutelle financière est moins juridique si l'on en excepte l'approbation du budget : elle s'exprime par la subvention, don d'argent de l'État à la collectivité territoriale. La subvention peut être à la fois un moyen d'interdire au département d'entreprendre certaines opérations si on lui refuse les crédits pour financer ses projets ou un moyen d'inviter à certaines initiatives ou d'en orienter d'autres. Forme plus subtile, plus souple que la tutelle administrative, elle est infiniment plus efficace entre les mains de l'État et aussi parce que moins connue, moins discutée.

M. Piquemal, «L'administration territoriale, le département», *Notes et Etudes Documentaires*, n° 4249-4250, 29 décembre 1975, Documentation Française.

15. La région

La région est un simple établissement public dont les compétences sont définies par les textes et qui a essentiellement pour mission de «contribuer au développement économique et social de la région» par des études, des propositions tendant à coordonner et à rationaliser le choix des investissements, le financement des équipements collectifs d'intérêt régional ou la réalisation de tels équipements pour le compte des collectivités publiques. L'État ou les collectivités locales peuvent en outre lui conférer certaines attributions. [...]

L'organe délibérant de la région est le conseil régional, composé pour moitié des députés et sénateurs de la circonscription, et pour moitié de représentants des collectivités locales (désignés par les conseils généraux, les conseils municipaux, et les conseils de communautés urbaines). [...]

Un comité économique et social, consultatif [...] assure la représentation «des organismes et activités à caractère économique, social, professionnel, familial, éducatif, scientifique, culturel et sportif de la région».

L'exécutif demeure le préfet de région. Il cumule cette fonction avec celle de chef de l'Administration d'État dans la circonscription régionale. Il utilise les services de l'État dans la région, celle-ci n'ayant pas de services propres.

J.P. Gilli, «Les aspects administratifs de la régionalisation», *Cahiers de l'IFSA*, Cujas, 1974, n° 10, p. 18.

16. Régions et départements

La région, *Cahiers Français*, n° 158-159, Documentation Française.

1. En plus des 22 régions métropolitaines, il existe 4 régions mono-départementales outre-mer : Guyane, Guadeloupe, Martinique, Réunion ; le 5ᵉ D.O.M., Saint-Pierre et Miquelon n'étant pas constitué en région.

17. La dépendance financière des collectivités locales

Si les charges des collectivités locales se sont ainsi considérablement alourdies, d'un autre côté leur fiscalité s'est révélée
inapte à leur fournir des ressources nécessaires. Alors que l'État
finance 90 % de ses dépenses à l'aide de ses impôts, les collectivités locales ne parviennent pas à l'heure actuelle à couvrir 40 % de
leurs dépenses par leurs ressources fiscales (en 1976, l'ensemble
des ressources propres locales - impôts ainsi que redevances et
ressources domaniales qui constituent environ 10 % de ces ressources propres - atteignait seulement 42 % du total des recettes
locales ; pour les seuls départements le pourcentage était encore
plus faible : 33 %). Si la masse des dépenses locales représente, on
l'a vu, un tiers de la masse des dépenses de l'État, le volume des
recettes fiscales locales se situe à peine aux alentours de 13 % du
volume des recettes fiscales de l'État.

On est loin de la situation observée en Autriche où les impôts locaux, qui
représentent 20 % de la fiscalité totale, constituent plus de 65 % de l'ensemble des
recettes des collectivités locales : c'est le pourcentage le plus fort existant dans les
pays européens, l'Italie et la Suisse venant immédiatement derrière avec des taux
respectifs de 59,7 % et 58 % (au contraire, les Pays-Bas viennent au dernier rang avec
le taux particulièrement modeste de 4,7 %).

**Répartition des ressources des collectivités locales en 1976
en milliards de francs et en %**

	Communes	Départements	Paris	Ensemble
Ressources propres [1]	34,51 45,70 %	12,96 33,20 %	4,20 50,60 %	51,67 42,00 %
Transferts [2]	24,34 32,20 %	21,00 53,90 %	3,77 45,20 %	49,11 40,00 %
Emprunts	16,71 22,10 %	5,02 12,90 %	0,35 4,20 %	22,08 18,00 %
Total	75,56	38,98	8,32	122,86

1. Impôts locaux, redevances, recettes domaniales.
2. Essentiellement le versement représentatif de la taxe sur les salaires
(V.R.T.S.) et les subventions d'équipement.

P. Amselek, « Les aspects financiers de la décentralisation en France », *Revue Administrative*, n° 187, Janv.-Fév. 1979.

18. De vieilles traditions d'autonomie locale

En Grande-Bretagne

La tradition d'autonomie locale est fortement ancrée en Grande-Bretagne où, au cours des siècles, l'administration régionale s'est développée, faisant contrepoids au pouvoir central. [...]

Ce système d'autonomie régionale fut transformé par la loi de 1888 instituant des *county councils* (conseil de comité) élus, puis des *borough councils* (villes de plus de 75 000 habitants) et par la loi de 1894, qui créa des conseils de districts ruraux et urbains. Pour les bourgades et hameaux dépassant 300 habitants, la loi de 1933 créa des conseils de paroisse. A tous les échelons de cette structure régionale, les conseillers sont élus pour trois ans, et ne sont pas payés.

Les conseils font gérer les affaires par des comités spécialisés, auxquels de larges pouvoirs sont délégués, et qui peuvent inclure des membres non élus, cooptés en raison de leurs compétences particulières. Si le conseil les y a autorisés, les comités peuvent prendre des décisions exécutoires. Sinon, ils soumettront leur rapport au conseil siégeant en assemblée plénière. Les conseils sont libres d'embaucher le personnel administratif qu'ils jugent nécessaire, mais aussi des travailleurs manuels utilisés à un certain nombre de tâches, comme la construction et l'entretien des routes, les travaux de voirie, etc.

Ces autorités locales ont en fait un vaste champ d'action. Les services qu'elles assument concernant l'environnement (construction, entretien des routes, éclairage public, lutte contre la pollution, etc.), la protection du public (sapeurs-pompiers, surtout police). Mais les plus importantes responsabilités concernent l'éducation, qui absorbe la plus large part des dépenses publiques. Le logement, les services sociaux et de santé, l'organisation des loisirs sont laissés à l'administration des autorités locales.

Henri Pierre, *Le Monde*, 24 juillet 1981.

En R.F.A.

Le système fédéral imposé par les Alliés au lendemain de la guerre s'articule en quatre niveaux : l'État fédéré *(Land)*, la circonscription régionale *(Regierungsbezirk)*, l'arrondissement *(Kreis)* et la commune *(Gemeinde)*. Les deux échelons intermédiaires fonctionnent essentiellement comme des organes relais ; les autres ont des compétences plus larges, une autonomie administrative et financière plus grande. Bien qu'imparfait, il a conforté le redressement allemand, parce qu'il plonge ses racines dans une tradition millénaire de décentralisation de la vie politique et administrative. La poussée d'émancipation communale enregistrée dans le pays dès la fin du XIIᵉ siècle s'est poursuivie sans discontinuer jusqu'à 1803.

Profitant de la faiblesse du pouvoir central, les communes ont bénéficié d'un demi-millénaire d'autonomie politique et financière. Par ailleurs, la notion de «territoire» local l'a longtemps emporté sur la notion d'État ou celle de Nation qui ont été longues à émerger dans le pays ; dès la fin du XVᵉ siècle, avec le déclin des grands pouvoirs unificateurs (Empire, Papauté), le territoire gouverné par son prince - le *Landesherr* - a constitué la cellule d'organisation fondamentale de l'espace allemand.

Par ailleurs, les populations germaniques se caractérisent par un attachement particulier unissant chaque individu à une parcelle de son sol [...], limitée souvent à la ville ou la petite région.

C'est dire que la trame politique, administrative et affective de l'espace allemand repose essentiellement sur la commune.

J.M. Holz, «La réforme territoriale et administrative en Allemagne Fédérale», *Revue Administrative de l'Est de la France*, 2ᵉ trimestre 1978, nᵒ 10.

19. D'autres réformes régionales

En Italie

La loi instaurant l'élection directe des conseils régionaux fut adoptée en 1968. Véritables assemblées locales, ces conseils sont, comme le Parlement, élus pour cinq ans, à la proportionnelle. Les conseillers, dont le nombre varie entre quatre-vingts et trente selon la population des différentes régions, désignent une junte de gouvernement. Les impôts régionaux sont très limités, et les régions sont subventionnées essentiellement par l'État.

Selon la Constitution, les régions sont compétentes en matière d'urbanisme, d'assistance, de santé, de police locale, de certains travaux publics, de voirie, de chasse, de pêche, de tourisme, d'artisanat et d'agriculture.

Les régions à statut spécial ont des subventions financières plus élevées, et un contrôle sur le développement industriel et une autonomie législative plus étendus. Ce n'est que depuis 1977 que les régions «à statut ordinaire» ont acquis un réel pouvoir.

Les régions administrent désormais près de 20 % du budget de l'État, et leurs attributions concernent une dizaine de ministères. Elles peuvent émettre des lois à condition qu'elles ne soient pas contradictoires avec celles de l'État ou les intérêts des autres régions.

M. Semo, *Le Monde*, 24 juillet 1981.

En Espagne

Après 1939, la répression contre l'opposition fut particulièrement dure en Catalogne et au Pays basque, dirigée à la fois contre les nationalistes et la gauche, très puissante dans ces deux régions.

Après la mort de Franco, le gouvernement de M. Suarez décida de «banaliser» le problème en accordant l'autonomie à l'ensemble des régions. [...]

La Constitution de l'Espagne démocratique adoptée par référendum en 1978 a réglementé la politique régionale. Son texte prévoit deux manières d'accéder à l'autonomie : la «voie lente» avec laquelle l'initiative revient aux autorités provinciales et municipales et la «voie rapide» qui nécessite, outre l'action de ces dernières, un référendum dans la région intéressée. La Constitution cite les «compétences exclusives de l'État», qui comprennent en particulier les relations internationales, la défense, la justice, la législation civile et pénale, la planification économique générale, la santé et le commerce extérieur.

En octobre 1979, les Catalans et les Basques ont approuvé par référendum les statuts d'autonomie de leurs régions. Ces derniers prévoient l'élection pour quatre ans d'un Parlement local et la formation d'un gouvernement autonome responsable devant lui.

T. Maliniak, *Le Monde*, 24 juillet 1981.

En Belgique

Le 1er octobre 1980, cent cinquante ans exactement après sa fondation, l'État belge a changé de visage avec l'entrée en vigueur des lois sur la régionalisation. C'était l'aboutissement d'une longue réforme, entamée en 1970. [...]

Alors que les institutions dites «communautaires», ayant compétence sur les matières culturelles et personnalisables, sont en place depuis 1970, c'est en 1980 seulement que sont nées les institutions proprement régionales. [...]

Les textes votés par les nouvelles Assemblées ont force de loi. Dans un premier temps, ces Assemblées sont composées des députés et sénateurs du Parlement national, mais elles doivent, dans une phase ultérieure, être désignées par des élections régionales. Les exécutifs régionaux et communautaires ne sont responsables que devant les assemblées régionales et non devant la Chambre ou le Sénat. Quant à l'exécutif bruxellois, aucune solution n'ayant encore été trouvée, il n'est responsable devant aucune Assemblée...

Les communautés et les régions ont des budgets propres, répartis dans une proportion de 55 % pour la Flandre et 45 % pour la Wallonie. Le budget de Bruxelles est financé par dotation. [...]

La réforme régionale n'est pas terminée. Outre l'important problème du statut de la capitale, les institutions régionales devront, à l'avenir, être simplifiées. Elles sont, d'autre part, coûteuses. Bien qu'ayant fait un grand pas en 1980, la régionalisation belge est encore en rodage.

Pierre de Vos, *Le Monde,* 24 juillet 1981.

Le débat
sur la décentralisation

La survie prolongée du système centralisé en France a fini par donner à l'idée décentralisatrice une connotation moderniste. Incontestablement, au cours de ces dernières années, la décentralisation est devenue un thème à la mode. Mais, si le centralisme réel a pu ainsi coexister avec la généralisation des intentions décentralisatrices, c'est bien parce que chacun a su asservir le terme à son propre projet politique, de sorte qu'il recouvre aujourd'hui un véritable kaléidoscope de significations (doc. 1 et 2).

Avant d'aborder les réformes adoptées par la gauche, il était donc nécessaire de rouvrir, à l'écart du courant ambiant, le débat sur la décentralisation, de confronter les valeurs qui s'y rattachent et de vérifier le bien-fondé des vertus qu'on lui attribue.

La décentralisation pose d'abord un problème de seuil. En deçà, il s'agit d'un simple aménagement du centralisme, au-delà, c'est la rupture avec le système centralisé et là seulement commence le débat sur la valeur de la décentralisation (doc. 3). Ainsi, peut-on estimer que ce seuil est franchi lorsque les pouvoirs locaux ne sont plus cantonnés dans un rôle secondaire par rapport au pouvoir central, mais qu'ils constituent, dans tous les domaines, d'authentiques contre-pouvoirs situés le plus près possible du citoyen (doc. 4 et 5).

Mais, l'une des idées les plus enracinées dans notre histoire est le danger que la décentralisation ferait courir à l'unité nationale. Tel n'est pas l'avis de ceux qui pensent que le renforcement des pouvoirs locaux aurait une valeur réconciliatrice, unificatrice et intégratrice, à condition que ceux-ci émanent du suffrage universel direct (doc. 6 et 7).

Autre question-clef, faut-il assimiler décentralisation et démocratie ? Si la décentralisation fut tantôt revendiquée par les courants les moins démocratiques, tantôt par les partisans de la liberté et du pouvoir populaire, c'est bien parce que sous un même terme, se cachent des objectifs fort différents (doc. 8 et 9). Mais là encore, pour beaucoup, seul le principe électif garantirait le caractère démocratique de la décentralisation (doc. 10), bien que le danger soit grand de voir l'élu local, fort de sa légitimité, devenir un notable (doc. 11).

Quant à l'aspiration égalitaire, elle a constitué elle aussi, l'une des principales justifications du centralisme. Mais, n'est-ce pas confondre égalité et uniformité ? La volonté de justice sociale et de solidarité ne serait-elle pas mieux réalisée par le rapprochement entre le citoyen et le lieu de décision ? (doc. 12 et 13).

Enfin, même si l'on admet la concordance entre la décentralisation et les idéaux d'unité, de démocratie, de liberté et de justice, se pose nécessairement le problème de l'efficacité. Face aux arguments en faveur de l'État centralisé comme instrument d'une gestion efficace, on mettra en évidence les lenteurs et l'irresponsabilité engendrés de tout temps par le centralisme (doc. 14 et 15).

1. «Une appellation non contrôlée»

La décentralisation, à l'image des pavillons de complaisance, recouvre des réalités fort dissemblables. C'est ainsi, par exemple que la presse salue généralement toute réunion du Conseil des Ministres se déroulant hors de Paris comme une manifestation symbolique de la «décentralisation».

L'extension de Citroën à Rennes, de SAVIEM à Limoges et de Moulinex à Alençon sont présentées comme des expériences réussies de «décentralisation industrielle». Les élus locaux espèrent de l'État des «mesures de décentralisation» en faveur des départements et des communes... Rarement terme fut autant galvaudé! On va même jusqu'à parler de «décentralisation théâtrale» quand, en province, des troupes locales montent un spectacle. Dans le langage courant la décentralisation est indéniablement un terme «qui a fait tous les métiers».

La confusion n'est pas moins grande si l'on regarde l'usage qu'a fait de ce mot le vocabulaire politique. Synonyme de liberté, il est de tous les combats. [...] Chacun lui donne un contenu conforme à son idéologie de référence et l'affuble d'un habit sur mesures.

J. Baguenard, *La décentralisation territoriale*, coll. Que sais-je ? P.U.F., 1980.

2. Nous sommes tous décentralisateurs

Si cette revendication décentralisatrice, qu'elle soit fictive, ou réelle, feinte ou sincère, s'exprime avec tant de force en France, c'est qu'elle correspond à un besoin de plus en plus pressant des sociétés modernes. La décentralisation n'est pas seulement garante de la liberté dans la démocratie, comme l'écrivait Tocqueville au XIXe siècle ; elle est, assurent les managers du XXe siècle, la condition première de la réussite économique et administrative. Elle est encore, prétendent d'autres tenants de l'idée décentralisatrice, source de libération de l'homme : participation de l'individu à son destin dans le travail, la commune, la région ou encore autogestion de la cellule industrielle ou locale. L'importance de l'enjeu explique l'intérêt que lui portent les politiques et l'écho qu'elle suscite dans l'opinion publique. Mais la diversité des conceptions qui justifie la multiplicité des adhésions à l'idée de décentralisation en explique en même temps les ambiguïtés. Le pavillon couvre une marchandise diverse et le courant décentralisateur tient du capharnaüm ou de l'auberge espagnole. Chacun donne aux mots et aux concepts une signification singulière, propre à lui conférer le titre enviable de décentralisateur, sans qu'aient été préalablement définies les conditions, les modalités et les finalités de cette décentralisation. Rares sont ceux qui s'avouent centralisateurs. [...]

Aussi le débat politique est-il marqué, comme de nombreux thèmes de la vie publique, par un foisonnement de clichés, de poncifs dont les partis sont largement responsables. Habitués à un système hyper-centralisé, organisés en fonction de lui, ils se sont longtemps gardés de le combattre. La dénonciation purement verbale de la centralisation va de pair avec la crainte du changement. Cette sclérose idéologique s'est traduite par un engouement pour les constructions idéales et les schémas abstraits. Chaque parti ou tendance politique a voulu consacrer son adhésion à l'idée décentralisatrice par la proposition d'un édifice administratif nouveau, s'est hâté de tracer un découpage territorial, d'esquisser des institutions nouvelles, tout en souhaitant ou favorisant le maintien des structures anciennes. Peu se sont préoccupés de définir les raisons d'être, les missions, les compétences et les moyens des organes nouveaux. L'important était moins de réaliser que de proposer «son» nouveau département, «sa» région, «son» exécutif et «son» assemblée territoriale. La confusion et l'appauvrissement de la pensée se sont trouvés accentués par la variété et parfois l'imprécision du vocabulaire :

pour désigner l'antidote au système centralisé français, on évoque la décentralisation, mais aussi la déconcentration, l'aménagement du territoire, la régionalisation ou la planification régionale. De nouveaux vocables sont apparus, d'anciens ont été ressuscités : métropoles d'équilibre, pôles de développement, secteurs ruraux, districts, communautés urbaines, syndicat communautaire, ensemble urbain, municipalité de canton, pays, pour ne citer que les expressions les plus fréquemment utilisées.

Cette évolution quantitative et qualitative du débat touche toutes les formations politiques : aucune n'a pu rester indifférente au problème de la commune, du département, de la région. La contestation de la centralisation, l'apologie de la décentralisation ne sont plus le fait d'un parti, mais de tous les partis. [...] Le courant décentralisateur est trans-partisan et c'est ce qui fait à la fois sa force et sa faiblesse.

Y. Mény, *Centralisation et décentralisation dans le débat politique français,* Librairie Générale de Droit et de Jurisprudence, 1974.

3. Décentraliser jusqu'où ?

Si l'on considère, en effet, l'ensemble des compétences exercées par les administrations françaises, qu'elles relèvent de l'État ou d'autres entités, s'attaquer à la centralisation consiste à les répartir de façon à renforcer la périphérie au détriment du centre.

Reste à savoir jusqu'à quel point il faudrait, pour ce faire, renforcer la périphérie, car, à partir d'un certain seuil, c'est la nature même du système administratif français qui serait en cause. Il serait aventureux de préciser où se situe ce seuil, mais on peut émettre l'hypothèse très générale qu'il serait franchi à partir du moment où l'on substituerait à la domination du centre de décision national sa coexistence avec un ensemble de centres de décisions locaux dont les responsables seraient élus. [...]

Les jugements les plus divers peuvent être portés sur une telle évolution. Pour les uns, naîtrait ainsi une administration moins lourde, moins uniforme, moins impersonnelle, moins hiérarchisée, mieux répartie, plus proche du citoyen, dotée d'une plus grande capacité d'initiative et d'adaptation. Pour les autres, cette administration serait moins cohérente, moins coordonnée, aurait moins d'homogénéité, accroîtrait les inégalités de traitement entre citoyens et les risques de politisation, serait plus difficile à contrôler et entraînerait un gaspillage financier insupportable.

J. Ménier, «La décentralisation : aménagement ou rupture ?» *Revue Administrative,* n° 181, Janv.-Fév. 1978.

4. Simple division du travail
entre l'État et les collectivités locales...

Au centre de l'État, la tâche de conduire le développement économique. Il s'agit donc de le libérer de tout ce qui le gênerait dans cette tâche, de toute une série de fonctions de compensation sociale nécessaires pour accompagner le développement. Au centre donc, l'action avec les grands groupes et les secteurs de pointe, c'est-à-dire l'action avec tout ce qui est compétitif sur le marché international et donc, au centre, aussi, la régulation du développement par le marché international, un marché dynamisé grâce à l'apuration de tout ce qui y serait parasitaire. Tout ce qui est parasitaire, tant sur le plan économique que sur le plan social, est, en effet, rejeté sur la périphérie ; à la périphérie donc, la gestion des retombées sociales de tous les traumatismes provoqués par cette guerre économique que l'on entend mener : la prise en charge, par la périphérie, c'est-à-dire les collectivités locales, de toutes les activités économiques non concurrentielles, c'est-à-dire le secteur dit parasitaire des petites et moyennes entreprises, de l'artisanat, du commerce local, etc. A la périphérie également, la fonction politique fondamentale de police générale de la société, d'intégration sociale quotidienne. Les élus locaux sont donc conçus comme les écrans protecteurs d'une plus grande liberté donnée au sommet de l'appareil de l'État.

Le schéma est bien celui d'une société dualiste : dualisme secteur économique-secteur social, secteur compétitif-secteur protégé, État-collectivités locales ; la logique est très forte et, dans ce dualisme, l'autonomie locale n'est finalement concevable que dans la mesure où son champ d'intervention est très précisément circonscrit à ce qui est secondaire.

J.P. Worms, «La décentralisation comme une stratégie de changement social», *Recherche Sociale*, n° 75, Juill.-Août-Sept. 1980.

5. ... ou véritable redistribution du pouvoir

Il y a tous les dangers d'une décentralisation sur le modèle d'une société duale dénoncée préalablement.

Donc, pour échapper à cela, un certain nombre d'orientations fondamentales : tout d'abord, un choix essentiel, celui d'une politisation accrue des mécanismes à travers lesquels s'effectuent les choix de société. Premier élément de cette politisation, c'est la mise en œuvre, au niveau national, de mécanismes de planification. [...]

Deuxième élément fondamental de notre démarche : la décentralisation des outils du développement économique et social et pas seulement la décentralisation du social. [...]

Donc, ce n'est pas une division du travail en domaines réservés, ceux de l'État d'un côté, ceux des collectivités locales de l'autre, mais dans chaque domaine et sur les mêmes territoires plusieurs interventions possibles grâce à un rééquilibrage des pouvoirs des uns et des autres permettant une véritable négociation entre les collectivités territoriales représentatives des besoins et des demandes des citoyens et des communautés de base et l'appareil de l'État central. [...]

Plus le pouvoir est près, plus la volonté de créer un contre-pouvoir se manifeste chez le citoyen. Il est en effet difficile de se mobiliser contre un pouvoir trop lointain alors que la contestation du pouvoir d'État, au niveau local, peut beaucoup plus facilement se faire dès lors que ce pouvoir est identifiable et responsabilisable sur le plan local ? Mais à condition qu'il y ait, dans la loi, les éléments nécessaires pour protéger l'autonomie des institutions de la société civile et pour renforcer leur capacité d'intervention.

D'où un effort législatif, à faire parallèlement à la décentralisation, en matière de droit des associations, de droit syndical, de droit des usagers, etc. Toute une série d'instruments législatifs pour donner aux citoyens les moyens d'intervenir face aux institutions d'État décentralisées sur les collectivités locales, avec un rapport de pouvoir qui ne leur soit pas défavorable.

En d'autres termes, parallèlement à la décentralisation, doit être menée par la loi une action de désétatisation pour renforcer les structures de la société civile.

J.P. Worms, *op. cit.*

6. Décentralisation et unité nationale

Si l'on se place du point de vue de la décentralisation interne, la promotion de la région en une véritable collectivité territoriale inquiète les «Jacobins». Ainsi, le débat à l'Assemblée Nationale au référendum du 27 avril 1969, fut, pour M. Sanguinetti, l'occasion de faire «l'éloge de la centralisation», «l'antidote de nos défauts et de nos vices», le frein «des forces centrifuges», l'indispensable précaution pour éviter «l'éclatement national». A en croire l'orateur, «nous ne pouvons nous sauver que tous ensemble et en tant que République une et indivisible», alors que la réforme régionale secrètera l'impuissance en divisant la France «en vingt et une républiques». Une telle crainte du fédéralisme rejoint les préocccupations de M. Debré.

Celui-ci attaquait vivement les régions en 1947. Si l'on en fait des collectivités, on en vient à créer «dans chaque capitale, un conseil provincial élu au suffage universel» qui ne se contentera pas du «rôle administratif d'un conseil général» mais qui deviendra un «Parlement au petit pied» : et, «la grande qualité de la France, son unité indispensable, risque d'être atteinte sans retour». [...]

Bien entendu, M. Debré relie sa crainte du fédéralisme interne et son refus de l'intégration européenne : «Créer de vastes régions fort indépendantes du pouvoir central, n'est-ce pas préparer une Europe «intégrée» où l'idée de France n'aurait plus qu'un caractère folklorique car la Nation serait «désintégrée»?

Ces craintes ne sont certainement pas sans fondement mais elles négligent le fait que l'institution d'un État de type fédéral est sans rapport avec les données historiques, sociologiques et humaines de la France et elles oublient que, précisément, le prix singulier de la région pourrait être sa valeur réconciliatrice et unificatrice.

Certes, la France n'est pas divisée en «Länder» mais elle n'en souffre pas moins de conflits internes : le moindre n'est pas l'opposition tellement nuisible entre Paris et la province, «l'un des principaux clivages de la société française», selon l'expression de M. Quermonne qui voit dans la régionalisation l'un des moyens de la «nécessaire liquidation du contentieux Paris-Province».

Quant à M. Pisani, il insiste d'abord sur le diagnostic : «Loin d'être encore le facteur d'unité qu'elle a pu être naguère, la centralisation creuse, en fait, entre Paris et ce qui n'est pas Paris un fossé toujours plus large.»

G. Dupuis, Préface à Y. Mény, *Centralisation et décentralisation dans le débat politique français*, Librairie Générale de Droit et de Jurisprudence, 1974.

7. Des élus locaux pour assurer la fonction d'intégration sociale et politique

On peut raisonnablement se demander si l'émergence d'une plus grande cohésion sociale et politique ne passe pas précisément par la transformation du système territorial et par le développement en son sein d'unités fortes qui soulagent l'État de l'impossible fonction d'intégrateur social et politique unique de tous les conflits d'intérêts qui de haut en bas traversent la société. [...]

C'est pourquoi l'échelon territorial qui servirait de support à la décentralisation doit comprendre une assemblée élue au suffrage universel direct. Une telle assemblée ayant du fait de son élection un véritable crédit politique est à même d'effectuer en son sein les arbitrages nécessaires à l'élaboration d'une politique. Seuls des membres directement élus sont capables d'accéder au jeu des compromis à travers lesquels peut émerger consciemment ou moins consciemment l'intérêt général. [...]

Cette orientation signifie en même temps le fait de donner la priorité au politique au sens habituel du terme, et aux dépens notamment des responsables socio-professionnels sur lesquels le Général de Gaulle avait voulu fonder son effort régionaliste de 1969. Seuls les élus peuvent en effet accéder au jeu politique. Les socio-professionnels, quelle que soit leur expertise, restent en politique des mandataires peu capables d'effectuer des compromis politiques car ils contribuent à maintenir et à renforcer le jeu traditionnel du cloisonnement et du corporatisme.

M. Crozier et J.C. Thœnig, « L'importance du système politico-administratif territorial », in *Décentraliser les responsabilités. Pourquoi ? Comment ?*, Documentation Française, 1976.

8. Décentralisation et démocratie...

Il y a démocratie lorsque chacun peut décider, dans le cadre de sa collectivité, des problèmes qui le concernent, lui et sa collectivité. Si quelqu'un d'autre en décide ailleurs, c'est que la démocratie ne fonctionne pas. Si cet ailleurs est le même pour plusieurs lieux, on a un centre. Plus il y a de lieux pour un seul centre plus la situation est mauvaise, plus on est éloigné de la démocratie.

Le problème de la démocratie, c'est de localiser les décisions, c'est de faire que les personnes et les groupes puissent déterminer avec qui ils entendent délibérer et décider et pour quels sujets. La taille de la collectivité ne peut être la même selon qu'il s'agit des chemins vicinaux ou de l'autoroute, de l'école primaire ou de l'université, du garde-chasse ou du chef de l'état-major général, de la station d'épuration des eaux ou de la centrale atomique. Par la force des choses, chacun se trouve être le citoyen simultané de plusieurs collectivités de tailles et de compositions variables.

J.M. Moeckli, « Le mirage de la décentralisation dans le partage des pouvoirs et des responsabilités : décentralisation et planification », *Pour*, n° 64, Janv.-Fév. 1979.

9. ... malgré les démentis de l'Histoire

L'adoption des lois décentralisatrices de 1871 et 1884, aux lendemains de la chute du Second Empire, a entraîné au sein du monde politique l'assimilation de l'idéal démocratique avec l'idée de décentralisation. La proclamation des «libertés locales» apparaissait au même titre que la liberté de réunion ou celle de la presse comme l'expression de la victoire républicaine sur l'autoritarisme césarien ou monarchique. Depuis un siècle l'amalgame s'est perpétué au point de faire considérer comme une évidence banale l'étroite relation établie entre les deux notions. [...]

L'unanimité se fait en définitive sur une idée reçue que l'histoire ou la pensée politique ont pourtant infirmée. Le régime Louis-quatorzien, les États allemands du XIXe siècle, la Louisiane de l'entre deux guerres, par exemple, ne sauraient constituer des modèles démocratiques. Or, il faut bien constater que même à l'apogée du règne de Louis XIV, les provinces françaises avaient conservé une partie de leurs droits et privilèges ; que les États allemands, dont certains constituaient de véritables autocraties, possédaient tous les caractères d'États fédérés au sein de l'Empire allemand ; que, de la même façon, la «dictature» exercée en Louisiane par le gouverneur s'insérait dans le cadre de la Fédération américaine.

L'examen de la pensée politique conduit aux mêmes conclusions. Pour Montesquieu, la décentralisation constitue un frein aux excès du monarque au même titre que les privilèges de l'aristocratie. Les ultras de 1815, inquiets du pouvoir singulier de la capitale et de sa propension révolutionnaire, entichés d'une monarchie «paternelle» à la Henri IV, rêvent de ressusciter les provinces désarticulées par l'armature départementale. A la fin du XIXe siècle, Taine veut briser la cage où est emprisonnée l'âme provinciale, tandis que Maurras proclame l'incompatibilité du régime républicain et de la décentralisation. La «décentralisation sera monarchique ou elle ne sera pas[1]». Pas plus qu'Auguste Comte dont il est l'héritier Maurras n'envisage la décentralisation comme élément de démocratie ! Il en voit plutôt l'antidote. [...]

Comment expliquer, malgré les démentis de l'histoire ou de la pensée politique, l'étroite relation établie entre les deux

---

1. Un débat nouveau sur la République et la décentralisation, Toulouse, Sté provinciale d'édition, 1905, p. 77.

concepts ? Sans doute, l'action de quelques hommes a-t-elle été déterminante. [...] Mais surtout, la proclamation de l'autonomie locale au même titre que les autres libertés au nom d'une philosophie libérale et républicaine a entraîné l'assimilation progressive des idéaux de démocratie et de décentralisation.

Y. Mény, *Centralisation et décentralisation dans le débat politique français*, Librairie Générale de Droit et de Jurisprudence, 1974.

10. Pas de décentralisation sans élection

La corrélation décentralisation-démocratie en a rapidement entraîné une seconde : celle de démocratie et d'élection. L'élection serait à la fois la garantie de la démocratie au niveau local et le gage de l'indépendance des organes non centraux à l'égard des autorités étatiques. [...]

On pourrait multiplier les exemples d'hommes politiques pour qui la décentralisation est synonyme d'élections au suffrage universel et de démocratie. Cette analyse se retrouve également sous la plume des juristes. Ainsi pour Maurice Hauriou, la décentralisation tend à la création de «centres d'administration publique, autonome où la nomination des agents provient du corps électoral de la circonscription». Dans cette perspective la décentralisation ne vise pas à assurer une meilleure gestion administrative, mais à promouvoir une participation plus démocratique des citoyens. «S'il ne s'agissait que du point de vue administratif, écrit Hauriou, la centralisation assurerait au pays une administration plus habile, plus impartiale, plus intègre et plus économe que la décentralisation. Mais un pays n'a pas besoin seulement d'une bonne administration, il a besoin aussi de liberté politique[1].» MM. Auby et Ducos-Ader systématisent davantage encore cette opinion puisqu'ils écrivent dans leur manuel d'institutions administratives que «l'élection est le critère de la décentralisation[2].»

Y. Mény, *op. cit.*

1. M. Hauriou, *Précis de Droit administratif*, Paris, 1921.
2. MM. Auby et Ducos-Ader, *Institutions administratives*, Paris, 1971, Dalloz.

11. Attention : notables! Élus et bureaucrates locaux complices... du centralisme

Le notable est un individu qui dispose d'une représentativité suffisante pour obtenir de l'administration locale une transgression de l'universalisme de la règle centrale et qui occupe, de ce fait, une position médiatrice stratégique entre l'État et la société civile. [...]

Ainsi, le pouvoir notabiliaire se caractérise-t-il par l'indifférenciation progressive entre les notions de «bureaucrates» et de «notables» qui se recouvrent insensiblement. [...]

A la zone de territorialité du fonctionnaire correspond la surface de représentativité du notable. La territorialité du fonctionnaire se mesure à la confiance qu'il inspire aux notables. La représentativité du notable est donnée par l'audience que lui accordent les fonctionnaires. La capacité de modification du comportement de A par B et de B par A se renforce, l'une et l'autre, au sein d'un milieu bureaucratico-notabiliaire auto-entretenu. [...]

Par un retournement de situation, les notables qui à l'origine développent un modèle d'action pour réagir à la tutelle de l'État central, se transforment en garants de la centralisation. Personne n'est plus sensible en effet que le notable à la modification de la structure d'accès à l'appareil administratif de l'État dans la mesure où le réseau est une propriété personnelle qu'il défend avec acharnement.

En effet, la théorie du système politico-administratif local montre que le pouvoir des élites locales est dépendant du régime centralisé de l'État et que les responsables locaux sont les plus fervents soutiens de cette centralisation dès lors qu'ils ont trouvé les moyens d'adapter la rigueur centralisatrice et de la retourner à leur profit.

P. Grémion, *Le pouvoir périphérique*, Éd. du Seuil, 1976.

12. L'aspiration égalitaire contre la décentralisation

La mise en œuvre d'une décentralisation effective requérerait un profond changement d'esprit : l'aspiration à plus d'autonomie, c'est-à-dire de liberté ; l'acceptation de la participation aux affaires, c'est-à-dire la responsabilité ; la renonciation à l'uniformité, c'est-à-dire à l'égalité théorique et irréaliste. Ce dernier point est capital, car tant que les Français n'auront pas dissocié l'idée d'égalité de celle d'uniformité, la décentralisation ne sera qu'un vain mot. L'aspiration égalitaire si chère aux Français - même lorsqu'elle engendre des inégalités scandaleuses - est le plus sûr antidote à la décentralisation.

Y. Mény, *Centralisation et décentralisation dans le débat politique français*, Librairie Générale de Droit et de Jurisprudence, 1974.

13. Égalité formelle ou solidarité concrète?

Cependant, la centralisation se justifie également par une capacité souveraine de l'appareil d'État à répartir équitablement les charges et les moyens. Le mythe centralisateur se renforce ici de l'aspiration à l'égalité profondément ancrée dans nos mentalités. Il est exact que laisser à une autorité décentralisée la maîtrise de ces décisions, c'est accepter en même temps que cette décision soit différente à Lille, à Lyon ou à Marseille. La centralisation française a donné au contraire à chaque commune son école et son bureau de poste ; elle a donné à chaque Français, quel que soit son domicile, le même droit à l'allocation ou à la prestation. Mais cette égalité formelle ne se traduit-elle pas aujourd'hui par le sentiment de l'injustice généralisée ? Chacun autour de lui constate le besoin : il faudrait ici une crèche, là un hôpital, là une route ou une école. Mais dans l'ignorance des moyens disponibles, dans l'impossibilité de participer à la décision, le citoyen a le sentiment que tout est toujours possible tout de suite. Si la satisfaction n'est pas immédiate, on se retourne vers l'élu local qui se justifie en s'abritant derrière «la décision anonyme de bureaucrates irresponsables». Est-ce que l'effort fiscal ne serait pas mieux accepté si la population pouvait peser sur l'affectation des ressources et faire le lien, inexistant actuellement, entre le poids de l'impôt et l'amélioration du mieux-être collectif ? La mise en œuvre des solidarités concrètes n'est-elle pas, bien mieux que l'égalité formelle, la traduction d'aspirations égalitaires inhérentes à notre volonté de vie collective ?

Ainsi, contrairement à l'opinion commune, l'État centralisé n'est plus aujourd'hui un instrument de gestion efficace et il n'est plus ressenti par les citoyens comme le moyen de mise en œuvre des solidarités nationales. Étranger dans la nation, l'État est une abstraction qui impose ses lois, ses règlements et les hommes de l'État sont devenus dans l'opinion des technocrates, boucs émissaires de la résignation et de l'impuissance à changer la vie.

Guy Raffi, «Administration et décentralisation», *Pour*, n° 64, Janvier-Février 1979.

14. Décentralisation et efficacité : une remise en cause

D'abord, un État centralisé a la capacité (sinon toujours la volonté) de décider en cas d'urgence, et pour un problème d'ordre national, beaucoup plus rapidement qu'un État décentralisé. Faire appliquer la décision est un autre problème - et il ne faut pas confondre décision et application - deux problèmes qui exigent peut-être des solutions différentes.

Deuxièmement, délais et obstructions ne sont pas nécessairement une mauvaise chose. Fonctionnellement, de tels délais et de telles obstructions peuvent être importants - pour permettre une forte mobilisation des intérêts en jeu, une discussion plus profonde qui laisse émerger des difficultés potentielles dans l'application et, par là, une meilleure légitimation de la décision finalement prise. En troisième lieu, les délais imposés par le centre dans certains domaines (tels que l'urbanisme) sont parfaitement justifiés en ce qui concerne la qualité de la décision. Même un décentralisateur acharné éprouverait une certaine difficulté à soutenir que le goût esthétique des élites locales est toujours à la hauteur des tâches qui leur incombent.

[...] Dans d'autres domaines, l'activité gênante du centre se justifie par le fait qu'une politique d'une localité peut avoir des implications énormes pour une autre : faire une route ou construire un hôpital peuvent avoir des conséquences directes et néfastes pour les voisins.

Quatrième observation : la vraie source de l'obstructionnisme central ne se trouve pas toujours au centre. Bien sûr, on ne peut nier que dans certains cas il s'agit bien de l'incapacité, de la mauvaise volonté et de l'inefficacité des services administratifs centraux. Mais ce n'est pas toujours le cas. [...]

Dernière observation en ce qui concerne l'efficacité des services décentralisés : des études - surtout américaines - montrent que, pour de grands projets, les délais sont semblables quel que soit le niveau de décision. [...]

En réalité, les délais administratifs sont le résultat de facteurs qui ont peu de rapport avec l'espace territorial. Parmi ces facteurs, on peut citer l'efficacité du personnel, le degré de mobilisation des intérêts en cause, la politisation ou non du problème. Il serait naïf de croire que ces facteurs disparaîtraient avec l'introduction d'une politique de régionalisation.

V. Wright, «Questions d'un jacobin anglais», *Pouvoirs*, n° 19, 4e trimestre 1981.

15. Les lenteurs du centralisme

Sous l'Ancien Régime

Pour arriver à tout diriger de Paris et à y tout savoir, il a fallu inventer mille moyens de contrôle. La masse des écritures est déjà énorme, et les lenteurs de la procédure administrative si grandes que je n'ai jamais remarqué qu'il s'écoulât moins d'un an avant qu'une paroisse pût obtenir l'autorisation de relever son clocher ou de réparer son presbytère ; le plus souvent deux ou trois années se passent avant que la demande soit accordée.

A. de Tocqueville, *L'Ancien Régime et la Révolution*, Gallimard, 1967.

Sous le Premier Empire

Une petite commune de campagne voulut, en 1811, employer pour 60 F de mauvais pavés, rejetés par l'ingénieur chargé de la grande route. Il fallut quatorze décisions du préfet, du sous-préfet, de l'ingénieur et du ministre. Après des peines incroyables et une extrême activité, l'autorisation nécessaire arriva enfin, onze mois après la demande, et les mauvais pavés se trouvèrent avoir été employés par les ouvriers pour remplir quelque trou de la route. Un commis, nécessairement ignorant, entretenu à grands frais dans un coin d'un ministère, décidait à Paris et à deux cents lieues de la commune, une affaire que trois délégués du village auraient arrangée au mieux et en deux heures. On ne pouvait ignorer un fait si palpable et qui se produisait cinq cents fois par jour. Mais la première affaire était d'abaisser le citoyen et surtout de l'empêcher de délibérer.

Stendhal, *La vie de Napoléon*, Payot.

... Et en 1970

L'administration française agit avec lenteur c'est un fait reconnu par tous mais dont les provinciaux ont particulièrement à souffrir : la centralisation y est en effet pour beaucoup, sans que l'on puisse incriminer uniquement les délais dus à l'acheminement du courrier. L'engorgement des administrations centrales est manifeste et tel dossier qui aura été traité sérieusement et rapidement sur le plan local parce qu'il est urgent et important, se retrouve dans les bureaux parisiens en concurrence avec quelques dizaines de projets tout aussi urgents. La presse abonde en déclarations d'élus locaux, irrités par les lenteurs administratives, de réactions de populations agacées d'attendre de Paris l'autorisation ou les fonds nécessaires pour la création d'un hôpital dont la nécessité a été établie dix ans auparavant. Cette lenteur, on la doit plus à la complexité des procédures qu'à la mauvaise volonté, bien rare, il faut le reconnaitre, des fonctionnaires. Les opérations administratives, et principalement les opérations d'équipement, sont de plus en plus complexes. Un même projet fait intervenir des services très différents et des préoccupations parfois divergentes. Les navettes incessantes avec Paris, les circuits compliqués que suivent les dossiers avant d'aboutir, résultent du perfectionnisme dont souffrent ceux qui conçoivent les procédures. Ainsi pour une construction scolaire, équipement banal s'il en est, le dossier devait comprendre 90 pièces dont 60 remontaient à Paris pour examen par des services centraux ; nombre de projets de construction immobilière poursuivis par l'État étaient soumis, dans certains cas, à 4 commissions interministérielles successives.

Mais l'effet le plus grave de la centralisation est l'esprit d'irresponsabilité qu'elle engendre. Lorsqu'une décision fait l'objet d'avis multiples aux divers échelons de la hiérarchie, obéit à des préoccupations divergentes selon le niveau auquel on se situe, il est bien rare que quiconque se sente concerné. Face à l'anonymat des ministères, c'est le sentiment de fatalité qui prédomine chez les élus et les fonctionnaires locaux. D'autre part, retranché derrière des règlements abstraits, et loin du théâtre d'opérations, le fonctionnaire parisien ne se sent guère intéressé à la réalisation de tel projet. L'irresponsabilité de fait ou de droit des uns et des autres se combine pour réduire chez chacun le goût de l'initiative et le sens de l'efficacité.

D. Hooreman, «Déconcentration et décentralisation», *Cahiers Français*, n° 143, Juillet-Août 1970, Documentation Française.

4 La "grande affaire du septennat" Mitterrand

Objet de la 1re réforme proposée après la victoire électorale de la gauche au printemps 1981, la décentralisation n'est pas sortie brutalement des urnes. Longtemps réticente, il est vrai, la gauche française - et avec plus d'insistance sans doute le parti socialiste - progressivement convertie à la décentralisation, a régulièrement élaboré, depuis le début des années 70, programmes et projets dont les objectifs et la formulation même sont très proches de ce qui allait devenir les «lois Defferre» (doc. 1 à 5).

La 1re de ces lois, la *loi relative aux droits et libertés des communes, des départements et des régions*, promulguée le 2 mars 1982, après huit mois de débats parlementaires acharnés, fixe le cadre général de la décentralisation. Quels en sont les grands principes ? En quoi s'agit-il d'une rupture avec le passé comme l'indique l'exposé des motifs du projet de loi ? (doc. 6).

En premier lieu, la loi du 2 mars 1982, contrairement aux réformes et propositions précédentes qui, toutes, privilégiaient l'un ou l'autre des 3 niveaux territoriaux, prévoit des droits et libertés et un statut identiques pour chacun d'entre eux. La région notamment, au même titre que la commune et le département, devient une véritable collectivité territoriale (doc. 7).

Seconde caractéristique fondamentale, la loi attribue l'ensemble du pouvoir local à des administrateurs locaux tous issus du suffrage universel (doc. 8). En conséquence, toutes les tutelles administratives et financières préfectorales sont supprimées et remplacées par un contrôle a posteriori de nature judiciaire (doc. 9 et 10). Quant au préfet, il devient représentant de l'État, sans pouvoir exécutif, mais seul porte-parole du pouvoir central auprès des collectivités locales et garant du respect des lois nationales (doc. 11).

La loi du 2 mars 1982 promulguée, les autres étapes du

processus de décentralisation ont pour but de définir les modalités de son application. Ainsi, à pouvoirs nouveaux, compétences nouvelles et à compétences nouvelles, ressources nouvelles. Mais il s'agit là d'un délicat problème de répartition entre l'État, la région, le département et la commune (doc. 12).

Quant à cette véritable bombe politique qu'a constituée l'affaire du statut de Paris, elle pose le problème de la structure du pouvoir à l'intérieur même des grands ensembles urbains (doc. 13).

Déjà prévues dans la loi du 2 mars 1982, les mesures spéciales prises en faveur de la région Corse ont été appliquées dès l'été 1982 et celles concernant les départements d'Outre-Mer mises au point au cours de l'automne (doc. 14 à 16).

Le souci de la gauche de rendre le pouvoir aux citoyens par la généralisation du principe électif impliquait par ailleurs de faire un choix sur le mode de scrutin. Entre la préférence traditionnelle de la gauche pour le scrutin proportionnel et la nécessité de dégager une majorité pour ne pas nuire à l'efficacité de gestion, le nouveau système électoral municipal est le résultat d'un compromis (doc. 17).

Restait enfin à faire des agents des collectivités locales et régionales des fonctionnaires à part entière au même titre que les agents de l'État : un statut unique pare au danger de démantèlement de la fonction publique que pouvait entraîner la décentralisation (doc. 18).

Quelles seront demain les conséquences concrètes de la décentralisation ? Sans doute, saurons-nous davantage dans quelques années à quel point la «grande affaire du septennat» aura contribué à «changer la vie»... en bien ou en mal. Mais déjà des voix s'élèvent qui, les unes y voient une menace pour le libéralisme économique (doc. 19), un alourdissement des contraintes fiscales et budgétaires (doc. 20 et 21) ou des dangers pour la qualité de l'environnement (doc. 22), les autres au contraire formulant les plus grands espoirs en ce qui concerne la participation des travailleurs et plus largement des associations de citoyens aux décisions (doc. 23 et 24).

A. LE CHOIX DE LA GAUCHE EN FAVEUR DE LA DÉCENTRALISATION

1. La conversion de la gauche

A gauche, on était d'abord et avant tout républicain. Et puisque les Jacobins avaient triomphé des Girondins, c'est l'interprétation jacobine de l'Histoire qui prévalait. Lorsque la naissance du mouvement socialiste, et plus tard du Parti communiste, introduisit des critères de classe dans l'idéologie républicaine, le centralisme jacobin n'eut pas trop de mal à faire bon ménage avec le centralisme démocratique. [...]

Aujourd'hui, toute la gauche est régionaliste - hardiment. [...]

D'où vient ce grand revirement? Bien entendu, Mai 68 est passé par là. Certes, il y avait une volonté d'efficacité économique à revendiquer des structures mieux adaptées que celles de l'État central à la maîtrise du développement régional. [...]

Mais il y a une raison encore plus intime que cela, profondément liée à l'évolution de la gauche qui porte désormais avec elle la régionalisation. La redécouverte de la région par la gauche française coïncide, à ses débuts, aux premiers effets du dégel post-thorézien à l'intérieur du Parti communiste, aux premiers efforts de recomposition doctrinale de la gauche socialiste après la fin de la guerre d'Algérie. Des deux côtés, on prenait ses distances avec l'étatisme (et par conséquent avec le centralisme) considéré comme la première étape vers le totalitarisme. Plus tard, l'élan libertaire de 1968 et la dénonciation du Goulag ont accéléré le mouvement. En tout cas, la démarche est symbolique : la volonté, en France, à gauche, de réconcilier le socialisme avec la liberté, de dépasser simultanément les échecs du système stalinien et de la social-démocratie molletiste [Guy Mollet], passait par la région. [...]

Dès lors que la gauche redécouvrait l'importance de la société civile, comme lieu de contre-pouvoirs, comme expression d'autres dimensions de l'individu que celles dont l'État prend en charge les intérêts, comme espace social, de culture, elle donnait à cet espace les contours politiques et administratifs de la région.

C'était en même temps la reconnaissance du fait que l'unité ne se confond pas toujours avec l'uniformité, c'était la prise en charge du «droit à la différence».

M. Rocard, «La région, une idée neuve pour la gauche», *Pouvoirs*, n° 19, 4ᵉ trimestre 1981.

2. Déjà en 1972,
le programme du parti socialiste...
et le programme commun de la gauche

La question principale est d'accroître la démocratie, de briser la domination de l'État centralisé et de la haute Administration. Une décentralisation poussée à tous les niveaux répondra à cette exigence. [...]

Il faut en finir avec la confusion organisée par le pouvoir actuel entre la «déconcentration» qui tend à répartir sur l'ensemble du territoire les fonctions de l'autorité administrative et «la décentralisation» qui doit tendre à développer le pouvoir de décision et de contrôle des assemblées élues. [...]

L'autonomie communale sera renforcée grâce à la suppression du contrôle *a priori* du préfet et des services financiers et techniques de l'État. Seul restera un contrôle *a posteriori* sur la légalité des décisions prises. Mais l'autonomie communale sera surtout renforcée grâce aux moyens supplémentaires alloués aux communes. [...]

Le département doit devenir maître de son exécutif. Le président et le bureau de l'Assemblée départementale assureront l'exécution des décisions du Conseil général. [...] Le représentant du gouvernement assurera le contrôle *a posteriori* de la légalité des décisions. [...]

La région cessera d'être un écran administratif supplémentaire pour devenir une nouvelle collectivité territoriale démocratique de plein exercice avec des responsabilités importantes, notamment pour l'élaboration et l'exécution des plans régionaux et pour la coordination des actions entreprises par les départements et les communes.

Elle disposera d'une assemblée élue au suffrage universel direct et au scrutin proportionnel.

Le président et le bureau élus par l'Assemblée régionale en seront l'exécutif. [...]

Le domaine des compétences de la région ne portera atteinte ni à l'unité nationale ni à l'autonomie par ailleurs renforcée des départements et des communes. Il s'étendra essentiellement à la planification et à l'aménagement du territoire, les plans régionaux prenant place dans l'élaboration du plan national. Les élus de la région disposeront ainsi des moyens d'orienter et d'encadrer le développement économique et social de la région et d'agir de façon efficace sur la politique des entreprises privées, notamment en matière d'emploi. Outre ce rôle économique fondamental, les régions auront également une activité importante dans le domaine culturel. Elles permettront ainsi l'épanouissement des cultures locales.

Changer la vie, programme de gouvernement du parti socialiste et programme commun de la gauche, Flammarion, 1972.

3. Le P.C.F. pour la démocratie locale et régionale

Disons à ce propos que les propositions que nous faisons pour les collectivités locales s'inscrivent clairement en faux contre l'accusation de centralisme effréné que certains nous adressent. Nous voulons en effet donner aux assemblées locales des pouvoirs réels, des moyens financiers nouveaux, une véritable autonomie de gestion. [...]

Au-delà du plan communal, cette organisation du contrôle et de l'initiative des masses est valable à tous les autres niveaux de l'administration du pays. Ainsi de la région.

Tout en veillant à l'unité et à l'indivisibilité de la nation telle qu'elle s'est constituée au fil des siècles, tout en conservant et en élargissant les prérogatives des communes et des départements, la création d'un échelon territorial et administratif plus important que ces derniers - la région - est désormais à l'ordre du jour. [...]

Nous proposons, nous, la constitution de régions vivantes, tenant compte des réalités et des nécessités économiques de notre temps, bénéficiant de franchises politiques réelles et de moyens financiers susceptibles de permettre la réalisation de leurs décisions, dirigées par une assemblée élue au suffrage universel et direct à la représentation proportionnelle.

G. Marchais, *Le défi démocratique,* Grasset, 1973.

4. 1978 : Une proposition de loi du P.S. [1]

Art. 5

A l'exception de la tutelle *a posteriori* exercée par le représentant de l'État sur la légalité des actes des assemblées locales et du contrôle de la Cour des Comptes, les services de l'État cesseront d'exercer, au 1er janvier 1979, toute tutelle administrative, technique ou financière sur les collectivités territoriales.

Art. 11

La région est constituée en collectivité territoriale de plein exercice conformément à l'article 72 de la Constitution. Elle est administrée par une assemblée élue au suffrage universel direct et à la représentation proportionnelle et par un exécutif élu en son sein.

Art. 12

Les préfets sont supprimés. Dans chaque région le représentant du Gouvernement prend le titre de commissaire régional de la République.

Art. 15

[...] Un statut particulier est prévu pour la Corse. Le Gouvernement examinera, avec les assemblées régionales élues concernées, les mesures législatives spécifiques de décentralisation à prendre pour chacune des régions à langue et culture minoritaires, de manière à renforcer l'unité nationale par la reconnaissance des différences authentiques.

Des statuts spéciaux peuvent être prévus pour les collectivités d'outre-mer qui en feront la demande.

Art. 19

La commune est la collectivité territoriale de base. Elle constitue le niveau essentiel de la participation directe des citoyens à la vie publique et de l'autogestion.

Nouvelle Revue Socialiste, n° 30, 1978.

5. Un projet pour la France

Pour les socialistes, décentraliser c'est mettre en place un des leviers les plus puissants de la rupture avec le capitalisme, celui qui permettra aux citoyens de prendre la part la plus directe à

---

1. Contre-proposition au projet gouvernemental (cf. doc. 11, p. 30) repoussée par l'Assemblée Nationale.

l'immense entreprise de transformation sociale qui sera engagée dès que le pouvoir d'État aura été conquis par la gauche. [...]

Pour cela nous voulons assurer un autre partage des tâches entre l'État et les collectivités locales, entre les citoyens et les pouvoirs institués.

Tel est le sens du tryptique planification-décentralisation-autogestion qui est au cœur de notre projet en matière d'organisation des pouvoirs publics.

Donner les moyens d'une véritable autonomie aux collectivités de base est la première condition d'une décentralisation véritable.

Projet Socialiste pour la France des années 80, Club Socialiste du Livre, 1980.

B. LA LOI RELATIVE AUX DROITS ET LIBERTÉS DES COMMUNES, DES DÉPARTEMENTS ET DES RÉGIONS

6. L'exposé des motifs du projet de loi

La France vit, depuis Colbert et Napoléon, sous un régime centralisé qui n'a cessé de s'aggraver au cours des dernières décennies. [...]

Le Gouvernement entend rompre avec cette situation et reconnaître aux communes, départements et régions une réelle liberté ainsi que la maîtrise de leur devenir. Il veut mettre fin à un mode d'organisation et de gestion fondé sur la méfiance du pouvoir central à l'égard des citoyens et de leurs élus.

Le peuple français a en effet donné au Président de la République et au Parlement le mandat de réaliser une transformation profonde des structures administratives et politiques du pays qui se traduise par une redistribution des pouvoirs entre l'État et les collectivités territoriales.

Il faut engager le pays de façon irréversible dans la voie de la décentralisation. Le projet de loi présenté par le Gouvernement a pour objet de transférer le pouvoir aux élus, aux représentants des collectivités territoriales librement désignés par leurs concitoyens. [...]

Il fait des communes, des départements et des régions des institutions majeures, c'est-à-dire libres et responsables.

C'est un acte de confiance dans les Français, dans leur capacité à se gérer eux-mêmes.

G. Defferre, Projet de loi n° 105, *Documents de l'Assemblée nationale,* 17 juillet 1981.

7. La région promue collectivité territoriale

La région doit, aux termes de l'article 45 du projet de loi qui nous est soumis, devenir une nouvelle collectivité territoriale de plein exercice, au sens de l'article 72 de la Constitution : elle est administrée par un conseil élu au suffrage direct et dispose de la plénitude du pouvoir de décision dans les domaines de compétence qui lui sont impartis par la loi. [1]

A. Richard, rapporteur du projet de loi à l'Assemblée nationale, *J.O.*, *débats A.N.*, n° 21, 9 sept. 1981.

8. Le pouvoir local aux élus locaux

Les communes, les départements et les régions s'administrent librement par des conseils élus [...] (Art. 1er).

Les délibérations, arrêtés et actes des autorités communales *(départementales, régionales)* ainsi que les conventions qu'elles passent, sont exécutoires de plein droit [...] (Art. 2, 45, 69).

Le conseil général *(régional)* règle par ses délibérations les affaires du département *(de la région)* [...] (Art. 23 et 59).

Le conseil général élit son président et les autres membres de son bureau [...] (Art. 24).

Le conseil régional élit un président, des vice-présidents et éventuellement les autres membres de son bureau [...] (Art. 71).

Le président du conseil général *(régional)* est l'organe exécutif du département *(de la région)*.

Il prépare et exécute les délibérations du conseil général *(régional)*.

Il est l'ordonnateur des dépenses du département *(de la région)* et prescrit l'exécution des recettes départementales *(régionales)*, sous réserve des dispositions particulières du Code général des impôts relatives au recouvrement des recettes fiscales des collectivités locales [...] (Art. 25 et 73).

Loi du 2 Mars 1982, *J.O.*, *Lois et décrets*, 3 mars 1982.

---

1. La passation des pouvoirs des préfets aux présidents des conseils régionaux s'est faite le 15 avril 1982, mais, à l'exception de la Corse, il faudra attendre l'élection des nouveaux conseils pour que l'assemblée régionale jouisse de ses nouvelles compétences.

9. De la tutelle administrative préfectorale au contrôle judiciaire a posteriori

Les délibérations, arrêtés et actes des autorités communales *(départementales)* ainsi que les conventions qu'elles passent sont transmis dans la quinzaine au représentant de l'État dans le département.

Le représentant de l'État dans le département défère au tribunal administratif les délibérations, actes et conventions qu'ils estiment contraires à la légalité dans les deux mois suivant la transmission prévue à l'alinéa précédent [...] (Art. 3 et 46).

Le gouvernement soumet chaque année, avant le 1er juin, au Parlement, un rapport sur le contrôle *a posteriori* exercé à l'égard des délibérations, actes et conventions des communes *(des départements, des régions)* par les représentants de l'État dans les départements *(les régions)* [...] (Art. 3, 46, 69).

Loi du 2 Mars 1982 *J.O., Lois et décrets,* 3 mars 1982.

10. La suppression des tutelles financières et le contrôle de la Cour des Comptes

La deuxième grande réforme, après celle de l'abolition de la tutelle administrative, touche à la modification de la tutelle financière et organise un nouveau procédé de redressement des déséquilibres budgétaires des communes. Au centre du processus de redressement se trouve une Chambre régionale des comptes, émanation de la Cour des Comptes ; ses membres délibérants auront le statut de magistrat et statueront donc en toute indépendance. [1]

Lorsque la commune ne vote pas son budget en équilibre réel, le représentant de l'État saisit la Chambre régionale des comptes qui demande une nouvelle délibération. A défaut de redressement à l'issue de cette deuxième délibération, le budget est réglé par le représentant de l'État dans le département, après avis motivé de la Chambre régionale des comptes ; les délais de cette procédure ont été précisés par les députés.

1. 24 Chambres régionales des comptes ont été créées par la loi du 10 juillet 1982 ; leurs présidents ont été nommés par le Gouvernement le 22 décembre 1982.

Jusqu'à présent, le préfet approuvait le budget (qu'il n'a plus à approuver aujourd'hui) et, en cas de déséquilibre, se substituait à l'autorité municipale pour décider des mesures destinées à rétablir l'équilibre du budget et à le rendre exécutoire.

Une procédure similaire est mise en œuvre dans les cas où l'exécution du budget est en déficit, où la commune n'adopte pas son budget dans les délais ou bien n'inscrit pas à son budget certaines dépenses obligatoires[1].

«Enfin la décentralisation», *Regards sur l'Actualité*, n° 74, Sept.-Oct. 1981, op. cit.

11. Le rôle du représentant de l'État

La levée des contrôles *a priori*, le transfert des exécutifs départemental et régional aux présidents respectifs des assemblées représentant ces collectivités, entraînent une transformation fondamentale de la fonction du préfet et de ses collaborateurs directs.

Le représentant de l'État dans le département *(dans la région)* est nommé par décret en conseil des ministres.

Il exerce les compétences précédemment dévolues au préfet de département *(de région)* en tant que délégué du Gouvernement. Il est assisté, à cet effet, dans le département, d'un secrétaire général et, le cas échéant, de délégués dans les arrondissements.

Il veille à l'exercice régulier de leurs compétences par les autorités communales, départementales, *(régionales)*.

Il représente chacun des ministres et dirige les services de l'État dans le département *(dans la région)* sous réserve des exceptions limitativement énumérées par un décret en Conseil d'État.

Il est seul habilité à s'exprimer au nom de l'État devant le conseil général *(devant le conseil régional)*.

Il a la charge des intérêts nationaux ; du respect des lois ; de l'ordre public et, dans les conditions fixées par la présente loi, du contrôle administratif.

Bulletin d'information du ministère de l'Intérieur et de la Décentralisation, n° 290, 4 Mars 1982.

1. Des dispositions semblables sont prévues pour le département et la région.

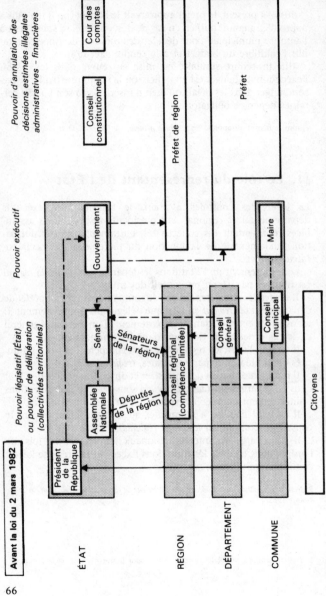

La structure du pouvoir en France

Avant la loi du 2 mars 1982

| Pouvoir législatif (État) ou pouvoir de délibération (collectivités territoriales) | Pouvoir exécutif | Pouvoir d'annulation des décisions estimées illégales administratives – financières |

ÉTAT

- Président de la République
- Assemblée Nationale
- Sénat
- Gouvernement
- Conseil constitutionnel
- Cour des comptes

RÉGION

- Conseil régional (compétence limitée)
- Sénateurs de la région
- Préfet de région

DÉPARTEMENT

- Conseil général
- Préfet

COMMUNE

- Conseil municipal
- Maire

Députés de la région

Citoyens

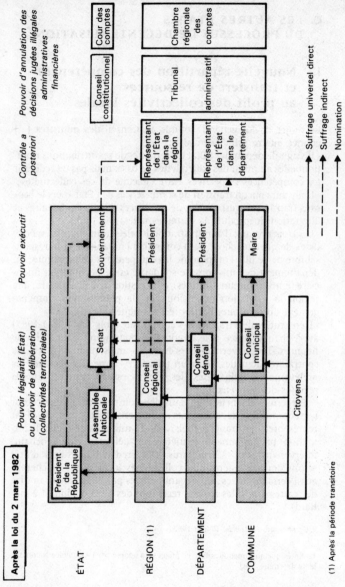

Après la loi du 2 mars 1982

ÉTAT

RÉGION (1)

DÉPARTEMENT

COMMUNE

Citoyens.

(1) Après la période transitoire

Pouvoir législatif (État) ou pouvoir de délibération (collectivités territoriales)

Président de la République

Assemblée Nationale

Sénat

Conseil régional

Conseil général

Conseil municipal

Pouvoir exécutif

Gouvernement

Président

Président

Maire

Contrôle a posteriori

Représentant de l'État dans la région

Représentant de l'État dans le département

Pouvoir d'annulation des décisions jugées illégales administratives - financières

Conseil constitutionnel

Tribunal administratif

Cour des comptes

Chambre régionale des comptes

→ Suffrage universel direct

--→ Suffrage indirect

--→ Nomination

67

C. LES AUTRES ÉTAPES
DU PROCESSUS DE DÉCENTRALISATION

12. Nouvelle répartition des compétences et transfert de ressources au profit des collectivités locales

Le projet de loi général, soumis au Conseil des ministres [...] énonce quatre principes clairs :
- Il s'agit de dépouiller l'État de certaines de ses attributions traditionnelles au profit des collectivités de base, mais pas de redéfinir les compétences respectives entre chacune de ces collectivités ;
- Il n'y aura aucun transfert de compétences de l'État «vers le bas» sans transfert correspondant de ressources (crédits budgétaires et affectation du produit de certaines taxes) ;
- Les trois niveaux d'administration locale seront chacun «spécialiste» de quelque chose. A la commune l'urbanisme et la responsabilité de ce que l'on nomme les équipements de proximité ; au département des missions de solidarité et de péréquation financière (entre communes rurales), et la gestion de l'aide sociale ; à la région la formation professionnelle, la planification, l'aménagement du territoire, l'action économique ;
- L'ensemble des transferts s'étalera sur trois ans (1983-1985) avec, chaque année, une «traduction budgétaire» dans la loi de finances. Le gouvernement s'engage - mais pourra-t-il, vu les contraintes actuelles, tenir un tel pari ? - à ne pas aggraver les prélèvements obligatoires (les impôts essentiellement) sur les revenus des citoyens. [...]

En termes financiers, les nouvelles compétences qu'exerceront les communes, départements et régions à la place de l'État représentent, en francs actuels, 29 à 35 milliards de francs, la formation professionnelle (entièrement déléguée l'an prochain) intervenant pour 2,3 milliards. Des crédits budgétaires d'État seront donc transférés aux collectivités locales, qui toucheront aussi certaines taxes auparavant perçues par l'État (ainsi, au titre des cartes grises, les régions recevront dès 1983 quelque 1,2 milliard). [1]

F. Grosrichard, *Le Monde,* 17 juin 1982.

1. Après quelques modifications, ce projet sera adopté par l'Assemblée Nationale, le 14 décembre 1982.

13. Décentraliser le pouvoir dans les grandes villes

Le statut de Paris

Le cas de Paris n'est pas simple. Si la loi du 31 décembre 1975 a - enfin - permis à la capitale du pays de s'administrer pratiquement comme toutes les autres communes, elle a, malgré tout, créé un statut particulier puisque - cas unique - Paris est tout à la fois ville et département.

Le Monde, 17 juillet 1981.

Quelques titres de journaux après le projet gouvernemental de créer 20 municipalités à Paris (29 juin 1982)

La casse : Paris en communes autonomes, *Le Quotidien de Paris*.
La ville de Paris sera démantelée, *Le Figaro*.
Un projet explosif : Paris en 20 communes, *Le Parisien*.
La bataille de Paris, *Le Monde*.
Vingt maires pour Paris, *Le Matin*.
Les communes de Paris, *L'Humanité*.
Paris vaut bien une décentralisation, *Libération*.

Le «projet de loi relatif au renforcement de la démocratie à Paris, Marseille et Lyon».

Ce projet de loi a pour objet principal de décentraliser la gestion des trois plus grandes communes sans pour autant remettre en cause leur unité, écrit M. Gaston Defferre dans le texte de présentation du nouveau statut de Paris, de Lyon et de Marseille. Il est donc proposé de créer des conseils d'arrondissement ayant pour mission de régler les affaires locales, et élus au suffrage universel.

Le conseil d'arrondissement est composé de conseillers municipaux et de conseillers d'arrondissement élus dans le secteur municipal auquel appartient l'arrondissement, au scrutin proportionnel «aménagé» prévu pour toutes les communes de France.

Le conseil municipal est consulté sur tout projet ou toute modification du plan d'occupation des sols (POS), de rénovation urbaine et de restauration immobilière. Il est obligatoirement consulté sur l'attribution des subventions aux associations ayant leur activité dans l'arrondissement.

Le conseil d'arrondissement a compétence pour délibérer au nom de la commune sur l'implantation et le programme d'aménagement des équipements publics locaux (crèches, haltes-garderies, gymnase, espace vert dont la superficie est inférieure à un hectare). Il fixe les conditions de gestion de ces équipements.

Enfin, le conseil d'arrondissement donne son avis sur les règles d'admission dans les crèches, les écoles maternelles, les résidences de personnes âgées et les foyers-logements.

Le maire d'arrondissement assure les fonctions de l'état civil, il préside le comité de gestion de la caisse des écoles, il est consulté sur toute autorisation délivrée dans l'arrondissement en application du code de l'urbanisme. Enfin, il prépare et exécute les délibérations du conseil d'arrondissement.

Le conseil d'arrondissement adopte chaque année un état spécial des recettes et des dépenses de l'arrondissement qui est annexé au budget de la commune. Cet état comporte les recettes de fonctionnement provenant des services gérés par le conseil d'arrondissement et une dotation attribuée par le conseil municipal de la commune. [1]

Jean Perrin, *Le Monde*, 29 septembre 1982.

14. Un statut particulier pour la Corse

La loi du 2 mars 1982 portant statut particulier de la Corse a été publiée au Journal Officiel du 3 mars.

Érigée en collectivité territoriale, la région de Corse s'administre librement dans les conditions prévues par la dite loi [...] relative aux droits et libertés des communes, des départements et des régions.

L'assemblée de Corse est composée de 61 conseillers élus au suffrage universel direct pour 6 ans. L'élection a lieu à la représentation proportionnelle [2]. La Corse forme une circonscription électorale unique. L'assemblée règle par ses délibérations les affaires de la région de Corse. Elle vote le budget et arrête le compte administratif. [...]

Le président de l'assemblée est l'organe exécutif de la région Corse. Il prépare et exécute les délibérations de l'assemblée. Il est l'ordonnateur des dépenses et prescrit l'exécution des recettes de la région ; il en gère le patrimoine et est le chef des services créés par la région ou transférés à elle.

Bulletin d'information du ministère de l'Intérieur et de la Décentralisation, n° 291, 11 Mars 1982.

1. Ce projet a été adopté par l'Assemblée nationale le 9 décembre 1982, après avoir été légèrement amendé.

2. L'élection de la première assemblée régionale de Corse a eu lieu le 8 août 1982.

15. Les compétences de la région Corse

Les compétences de la région de Corse sont fixées par la loi du 30 juillet 1982. Elles concernent l'identité culturelle et le développement de la Corse ainsi que les ressources de la région. [...]

Il revient à l'assemblée de Corse d'arrêter la carte scolaire. Elle détermine les activités éducatives complémentaires qu'elle organise (notamment celles relatives à l'enseignement de la langue et de la culture corses). Elle établit des propositions de formations supérieures et d'activités de recherches universitaires. Elle finance, construit, équipe et entretient les établissements scolaires relevant de sa compétence. [...]

Elle définit les actions qu'elle entend mener en matière culturelle, et celles relatives à la protection de l'environnement. [...]

La région adopte un schéma d'aménagement qui fixe les orientations fondamentales en matière de protection, de mise en valeur et de développement de son territoire et qui détermine la destination générale des différentes parties de l'île, l'implantation des grands équipements d'infrastructure et la localisation préférentielle des activités. [...]

La loi crée un office de développement agricole et rural, chargé de la mise en œuvre d'actions tendant au développement de l'agriculture et à l'équipement du métier rural. Cet office concourt à l'orientation, à l'animation, au contrôle de la politique foncière agricole et à la modernisation des exploitations.

La loi crée également un office d'équipement hydraulique de l'île qui assure, avec l'office agricole, les actions d'accompagnement liées à la mise en valeur des terres irriguées. [...]

La région définit ses priorités en matière d'habitat et arrête la répartition entre les programmes d'accession à la propriété, de construction de logements locatifs neufs et d'amélioration de l'habitat existant, des aides attribuées par l'État sous forme de bonifications d'intérêt ou de subventions. La région peut accorder des subventions, des prêts, des bonifications d'intérêt et des garanties d'emprunt. [...]

L'assemblée établit un schéma régional des transports. [...]

La région est substituée à l'État pour l'exploitation des transports ferroviaires. [...]

La région peut élaborer et mettre en œuvre le programme régional de prospection, d'exploitation et de valorisation des ressources énergétiques locales. [...]

Outre celles dont disposent les établissements publics régionaux en vertu de la loi de régionalisation de 1972, la région de

Corse reçoit de l'État des ressources d'un montant équivalant aux dépenses effectuées par l'État au titre des compétences transférées. Les charges sont compensées par le transfert d'impôts d'État et par l'attribution de ressources budgétaires.

Le Monde, 7 août 1982.

16. La décentralisation dans les départements d'Outre-Mer

Le Secrétaire d'État chargé des départements et territoires d'Outre-Mer a présenté au Conseil des ministres une communication relative à l'adaptation dans les départements d'Outre-Mer de la loi du 2 mars 1982 relative aux droits et libertés des communes, des départements et des régions.

Cette adaptation tient compte des spécificités résultant de la situation géographique et de l'histoire de ces collectivités érigées en *départements* par la loi du 19 mars 1946, ainsi que de leur situation particulière reconnue par l'article 73 de la Constitution.

La coexistence de deux collectivités territoriales distinctes, le département et la région, sur une même aire géographique réduite, a conduit le gouvernement à retenir le principe de la création d'une seule assemblée gérant les affaires de ces deux collectivités.

D'autre part, le gouvernement a adopté pour l'élection des membres de cette assemblée, un mode de scrutin proportionnel.

Ces dispositions qui préservent entièrement le statut départemental des départements d'Outre-Mer, statut auquel le gouvernement est particulièrement attaché, garantiront une plus large participation des citoyens à la gestion de leurs affaires et la permanence de leur action dans le cadre de la nation française [1].

Communiqué officiel du Conseil des Ministres du 7 juillet 1982, *Le Monde,* 9 juillet 1982.

---

1. Adopté par l'Assemblée nationale le 23 novembre 1982, ce projet a été annulé par le Conseil constitutionnel le 2 décembre. Le Gouvernement a alors préparé un nouveau texte qui propose de maintenir la coexistence du département et de la région, mais de donner aux conseils régionaux des pouvoirs spéciaux semblables à ceux accordés à l'assemblée régionale de Corse. Ce texte a été définitivement adopté par l'Assemblée nationale le 21 décembre 1982.

17. Le nouveau système électoral municipal

Idéalisme oui, irréalisme non. La recherche d'un meilleur exercice de la démocratie locale ne doit pas conduire aux frontières de l'anarchie. Telle est, en résumé, la philosophie politique qui inspire la réforme du mode d'élection des conseillers municipaux enfin arrêtée par le Conseil des ministres après plusieurs semaines de tergiversations.

L'enjeu méritait bien, au demeurant, une ample réflexion. Dans la démarche décentralisatrice qui est depuis un an celle du pouvoir il s'agissait, cette fois, de concevoir un système électoral permettant d'assurer la participation des minorités politiques à la direction des affaires communales, tout en préservant, dans chaque commune, l'existence d'une majorité suffisamment solide pour administrer ces affaires dans la stabilité. S'étant ainsi orienté vers un système qui libère la vie publique locale des effets pervers du scrutin majoritaire, inévitablement discriminatoire, sans tomber dans l'excès contraire d'une représentation proportionnelle intégrale portant en germe un danger de cacophonie paralysante, le gouvernement a opté pour un modèle mixte : un scrutin majoritaire tempéré d'un correctif proportionnel.

A partir des élections municipales de mars 1983, la liste qui arrivera en tête du scrutin obtiendra automatiquement la majorité absolue des sièges de l'assemblée communale, qu'elle recueille ou non la majorité absolue des suffrages exprimés au deuxième tour de scrutin.

Les autres sièges seront répartis à la représentation proportionnelle, à la plus forte moyenne, entre toutes les listes, à l'exception de celles qui n'auront pas obtenu au moins 5 % des suffrages exprimés. [...]

Concrètement, la volonté gouvernementale de rapprocher tous les citoyens du centre du pouvoir communal vise à freiner les abus que sécrète quasi automatiquement l'omnipotence majoritaire dans les conseils municipaux des grandes villes. A l'Élysée, on soulignait, que dans l'esprit de M. François Mitterrand cette réforme participe aussi d'un dessein plus ambitieux : marquer, en France, la civilisation de la ville de l'empreinte socialiste, essayer de donner un visage humain aux grandes agglomérations, en rendant le pouvoir aux citoyens et en relançant le mouvement associatif.

A. Rollat, *Le Monde*, 15 juillet 1982.

18. Les fonctionnaires territoriaux

Il s'agit de savoir ce que vont devenir les agents communaux, départementaux et régionaux dans le nouveau dispositif institutionnel de l'État, et quels seront leurs rapports avec leurs employeurs aux pouvoirs élargis, c'est-à-dire les maires et les présidents de conseils régionaux et généraux.

Il était en effet indispensable que les fonctionnaires des villes ou des régions ne se sentent pas en état d'infériorité par rapport aux agents de l'État, risquant de faire de la décentralisation une coquille vide.

Le premier avant-projet [...] énumère des dispositions dont beaucoup sont connues, mais introduit aussi certains principes nouveaux. Tous les corps de fonctionnaires ont un caractère national ou territorial, et la gestion des corps nationaux peut être déconcentrée ; la mobilité des fonctionnaires entre les fonctions publiques d'État et des collectivités locales (dans les deux sens), ainsi qu'au sein de chacune d'elles, constitue une garantie fondamentale de leur carrière. Enfin, une grille commune de traitements correspondant à la structure générale des carrières est établie pour l'ensemble des fonctionnaires des administrations publiques.

Parité (avec les agents de l'État), mobilité (entre un poste dans un ministère ou dans une ville), garantie d'un statut, sont donc les principes directeurs et les «conquêtes» qui marqueront la nouvelle fonction publique territoriale, depuis le secrétaire général de la ville de Toulouse jusqu'au fossoyeur d'un hameau de Lozère.

Bénéficiaires d'un statut unique, décalqué sur celui des fonctionnaires de l'État, les agents des collectivités jouiront de garanties nouvelles et substantielles.

Quant aux rémunérations, le principe est établi que les fonctionnaires territoriaux auront droit à la même rémunération - principale et accessoire - que celle dont bénéficient les fonctionnaires des corps comparables de l'État. Enfin les droits syndicaux leur seront évidemment reconnus.

L'enjeu consiste à faire en sorte qu'une carrière ne soit pas moins attrayante à Angers que dans des bureaux du quartier Saint-Germain. Quant à la notion de service public (et aux métiers y afférant), elle peut légitimement trouver à s'appliquer non seulement dans les rouages de l'État, mais dans les collectivités qui, librement, sont les composantes de la nation.

François Grosrichard, *Le Monde*, 16 juillet 1982.

D. DEMAIN, LA DÉCENTRALISATION : DES CRAINTES, DES ESPOIRS

19. La domination du politique sur l'économique

La décentralisation est une opération vitale pour notre pays. Celle qui nous est proposée n'est pas bonne. Elle va exacerber l'emprise de l'État et du politique sur la vie journalière des citoyens. Or, s'il y a bien une chose dont notre pays n'a pas besoin, c'est bien de cela. [...]

Elle va d'abord renforcer le pouvoir politique sur l'économie. Ce qui est très grave. Car un des fondements même de la démocratie réside dans la dispersion des pouvoirs. En particulier dans la séparation entre le pouvoir économique et le pouvoir politique. Le nouveau rôle dévolu aux conseils généraux, ou plutôt à leur président, peut s'avérer très dangereux pour l'équilibre politique, économique et social de la nation. Dorénavant, le président du conseil général sera un véritable maître, un véritable chef de département. Il aura la possibilité de distribuer force subventions et aides à des entreprises, associations, ou autres institutions, et cela sans garde-fous dignes de ce nom.

Quel en est le risque ? Il est évident : dans la mesure où ces présidences seront éminemment politiques, il est quasi certain que la distribution des aides se fera sur des critères également politiques. Autrement dit, il y a tout lieu de craindre que les conseils généraux serviront de façon abusive à constituer une clientèle électorale destinée à affermir le pouvoir politique départemental en place. Bref, vont bourgeonner des mesures qui ne manqueront pas d'aller à l'encontre de l'intérêt général. Mais qui, en revanche, permettront de tailler quelques fiefs et rentes de situation fort confortables. C'est la démocratie qui en souffrira.

A. Fourçans, «La mauvaise décentralisation», extraits des pages Economie et Finance, *Le Figaro*, 18 mars 1982.

20. Un alourdissement
de la pression fiscale?...

En outre, comment ne pas penser que la décentralisation telle qu'elle est conçue ne pourra pas ne pas se traduire par un alourdissement des charges du citoyen, en particulier de la charge fiscale? Pour financer non seulement les interventions économiques accrues des nouveaux conseils généraux, mais aussi l'accroissement vraisemblablement très important de leur budget de fonctionnement, il faudra de l'argent. Et même beaucoup d'argent. Or, il est fort douteux que, pour obtenir ces fonds, l'État puisse effectuer une redistribution suffisante de son budget central vers les budgets départementaux. [...]

La seule solution restante sera, pour les départements, d'accroître la pression fiscale locale. Il est difficile de concevoir un autre mécanisme. C'est de nouveau l'emploi, l'activité économique et les plus démunis qui en feront les frais.

A. Fourçans, «La mauvaise décentralisation», *Le Figaro*, 18 mars 1982.

21. ... ou une austérité décentralisée?

C'est peut-être ici que la réforme rencontrera rapidement à la fois ses limites et ses correctifs. Les contraintes budgétaires imposent la modération aussi bien aux élus qu'aux fonctionnaires.

On cherchera donc des compromis, par exemple sur une répartition du travail entre trésoriers-payeurs généraux et chambres régionales des comptes pour éviter le recrutement de trop nombreux fonctionnaires. Préfet et président de conseil général et régional, quels que soient leurs idéaux politiques, seront obligés de s'entendre pour éviter une mineure paralysie de l'administration.

De même les élus seront sans doute portés plus vite qu'on ne le pense vers l'austérité budgétaire. Après une période initiale de largesses, ils seront probablement sensibles aux protestations des contribuables. Les impôts locaux sont en effet de plus en plus souvent mal supportés et l'on se gardera d'oublier qu'aux États-Unis, les mouvements de défense des contribuables ont provoqué une forte baisse des dépenses des collectivités locales.

Le Quotidien de Paris, 15 mars 1982.

22. Des dangers pour l'environnement

Ici commence le péril. Car le projet dit de décentralisation dont nous sommes menacés comporte sans doute des vertus mais aussi des dangers dont l'ampleur apparemment n'a pas été appréciée. Il s'agit du transfert aux maires de la quasi-totalité du pouvoir de décider en matière d'urbanisme, c'est-à-dire essentiellement la compétence pour élaborer les plans d'occupation des sols et accessoirement celle pour délivrer les permis de construire.

Ce n'est pas marquer de la défiance à l'égard de la démocratie, et même de la démocratie locale, d'observer tout d'abord que les intéressés, c'est-à-dire les maires, ne manifestent guère d'empressement pour recevoir ce dangereux cadeau. Ce n'est pas non plus faire preuve de pessimisme que de présumer que les mêmes maires auront le plus grand mal à opposer à leurs électeurs les refus qui étaient jusqu'ici imputables à l'administration de tutelle. L'essentiel du dialogue entre un propriétaire et «le patron» de l'urbanisme se ramène à demander un droit de construire qui sera accordé ou refusé. On peut gager qu'en période électorale, mais probablement aussi avant et après, les refus seront à la fois héroïques et rares. Adieu, prés, forêts, landes, rivages, etc.

J. de Lanversin, «Péril en la demeure», *Le Matin*, 18 février 1982.

23. Des conditions plus favorables à l'intervention des travailleurs

Le Bureau politique du PCF a publié hier la déclaration suivante :
[...]
«La décentralisation est une composante nécessaire de la démocratisation générale de la société que nous voulons. Elle créera des conditions plus favorables à l'intervention des travailleurs dans tous les domaines, à l'entreprise comme dans la cité.

Plus généralement, elle s'inscrit dans notre démarche autogestionnaire, visant à ce que chaque groupe, chaque collectivité prenne en charge au maximum ses propres affaires.»

Paru dans *L'Humanité*, 26 novembre 1981.

24. Le renouveau de la vie associative

La décentralisation est d'abord, pour moi, une rupture avec un système qui a découragé de nombreuses initiatives, émoussé les responsabilités, ignoré bien des critiques et des projets, dont la prise en compte aurait pu améliorer la vie des Français. [...]

J'attends donc de cette grande action de décentralisation un développement de toutes ces initiatives, qui place le dynamisme des associations à la place qu'il mérite. Car il faut bien constater que la vie associative en France a été littéralement «sinistrée» par les excès de la centralisation. Un mouvement vivant des usagers et des consommateurs, traduisant fidèlement les besoins et les aspirations de chacun, sur le terrain, me paraît nécessaire pour équilibrer, en particulier lors de la préparation des plans, les autres critères de choix (économiques et sociaux).

C. Lalumière, Ministre de la Consommation, *Le Monde*, 28 juillet 1981.

Directions de travail

Thèmes de débats, de réflexion ou d'enquêtes

1. Quelles sont les principales raisons historiques pour lesquelles le centralisme s'est maintenu si longtemps en France ?

2. Dresser le bilan des arguments pour et contre la décentralisation.

3. A quelles conditions la décentralisation peut-elle faire progresser la démocratie ?

4. Dresser un tableau comparatif des institutions concernant la commune, le département, la région avant et après la loi du 2 mars 1982.

5. Étude des conséquences concrètes de la décentralisation sur la vie de votre commune et l'activité du Conseil municipal.

6. Enquête auprès des associations de votre quartier ou de votre commune sur les changements apportés à leur activité par la décentralisation.

Adresses utiles

- La Documentation française : 31, quai Voltaire, Paris 7e.
- Service de l'Information et des Relations Publiques du ministère de l'Intérieur et de la Décentralisation : 1 bis, Place des Saussaies, Paris 8e.

Bibliographie sommaire

- A. de Tocqueville : *L'Ancien Régime et la Révolution*, Gallimard, 1967.
- A. Soboul : *La Révolution française*, 1982, réédition dans la collection Terrain du Précis d'histoire de la Révolution Française , 1972, Éditions Sociales.
- M. Bourjol : *Les institutions régionales de 1789 à nos jours*, Berger-Levrault (35, av. de la Motte-Picquet, 75007 Paris), 1969.
- J. Baguenard : *La décentralisation territoriale*, P.U.F., 1980.
- J.J. et M. Dayries : *La régionalisation*, P.U.F., 1978.
- Y. Mény, *Centralisation et décentralisation dans le débat politique français*, L.G.D.J., 1974.
- *Pouvoirs*, n° 19, 4ᵉ trimestre 1981.
- *Les Cahiers Français* : «La décentralisation», n° 204., Janvier-Février 1982.
- *Journal Officiel, lois et décrets* - 3 mars 1982.

Imprimé en France par MAURY-IMPRIMEUR S.A. – 45330 Malesherbes
Dépôt légal : Janvier 1986
N° d'édition : 9047 – N° d'impression : L 85/17868